新説「日本古代」通史

―最新の考古学研究による究極の日本人論―

関裕二

Yuji Seki

ビジネス社

はじめに

日本人は自分たちが何者なのかを理解していない。世界中の人びとの行動や考え方と比べて、「何かが違う」と漠然と思っているのに、その「何か」を説明できないし、世界中の人びとも、「日本人は異質」と思っている。だから、日本人論が、ことあるたびに出現してきたのだ。

しかし、そろそろ「日本人とは何者なのか」を、はっきりとさせようではないか。答えは（意外かもしれないが）、考古学と古代史が握っていたのだ。

今から一万数千年前、人類は「石を磨く技術」を獲得し、石斧《せきふ》を手に入れ、森林を開墾し、農業をはじめた。いわゆる新石器時代の到来だ。農業は人口爆発を起こし、組織的な戦争が始まり、さらに都市と文明が出現した。

日本列島では縄文時代がまさに新石器時代にあたるのだが、なぜか縄文人は、農耕を選択しなかった。世界史を基準にすると、縄文人たちは出遅れたのだ。

しかし、このあとの歴史を追っていくと、列島人たちは「農耕と文明と進歩」を拒んだのではないかと思えてならない。北部九州に稲作が伝わってから関東で本格的な稲作が始まるまで、数百年を要している。各地で、抵抗が試みられたようなのだ。

縄文人だけではない。三世紀から四世紀にかけてヤマトは建国されたが、この事件も、富と鉄を蓄えた強い王の征服戦ではなかった。文明に抗い、権力を忌避する弱い人びとが寄り添い、ネットワークで結ばれた共同体が生み出されたと、考古学者は次第に考えるようになってきた。

このような国家の成り立ちも、不思議なできごとだった、列島人の歩みを、世界史の常識で語ることはできないのだ。

文明は大森林を砂漠に変え、砂漠の中から一神教が生まれた。民族の正義（独善）が唱えられ、戦争と復讐は正当化された。しかし日本列島人は、森を守り、多神教的発想にこだわり、今日に至っている。なぜか列島人は、一神教的な「信仰に裏付けされた正義」を振りかざさなかった。

例外は近代日本で、西洋文明を模倣して帝国主義に走った。これは本当の日本ではない。天皇も一神教的な神に仕立てあげられたが、敗戦によって元の形にもどった。

問題は、現代日本人が、自身の信仰の意味を理解していないことだ。それどころか、信仰とは無縁と考えている。しかし、縄文時代から続く三つ子の魂は健在で、一神教を選択した世界中の多くの国々とは、異なる原理で行動している。

これに対し一神教世界は正義とルールを多神教世界に強要し、「啓蒙」する。我々は右往左往し、戸惑うばかりだ。しかしようやく多神教的発想の再評価が進みつつある。だからこそ、日本人の信仰と古代日本史の真相を、知っておく必要がある。

多神教的信仰によって支えられてきた天皇の正体も、古代史を解くことによって明らかにできる。

日本人の正体を、明らかにしようではないか。

関　裕二

新説「日本古代」通史

目次

第二章 ● 神話の時代と日本人の信仰の原点

第三章 ● 古墳時代の始まりと王家の謎

第四章 ● 飛鳥時代と蘇我氏の正義

第五章 奈良時代 律令制度と天皇

終章●平安時代　院政の真相

序章

東大寺とアマテラス

日本史のすべての謎が東大寺に凝縮されている?

日本人の正体を知るために、古代史の世界に足を踏み入れよう。考古学の発展によってかつての常識の多くは覆されてしまった。特に、渡来人に日本列島が征服されてしまったという発想は、もはや成立しない。ヤマト政権の誕生も意外な経過をたどっていた。歴史の根っ子がひっくりかえったから、飛鳥時代や奈良時代のこれまでの常識も通用しなくなったのである。

日本史全体を理解するためにも、古代史の見直しは必須なのだ。

ただし、日本人の正体を知るためにも、まず東大寺（奈良県奈良市）の話から始めようと思う。八世紀に聖武《しょうむ》天皇によって建てられたこの巨大寺院が、日本の歴史の大きな分岐点になっている。東大寺以前と以後では、まったく違う国柄になっているのだ。つまり、日本史の真相、天皇の正体を解き明かす上で、見落としてはならない事象なのである。

東大寺のイメージは、あまりよくない。「子供や若者が修学旅行で行く寺」「一度行けばそれで十分」「ただただ大きな大仏殿と盧舎那仏」「天皇権力と搾取の象徴」と言ったところだろうか。

しかし、すべて誤解なのだ。たとえば、小説で言えば、夏目漱石の『吾輩は猫である』や宮沢賢治の『銀河鉄道の夜』のように、「本当はオトナになってから読んでみないとその真価は分からない奥の深さ」を秘めている。たとえば、毎年秋に奈良国立博物館で開催される正倉院《しょうそういん》展はどうだ。世界に誇る至宝が繰り出される。正倉院が東大寺境内に建っていること、聖武《しょうむ》天皇の遺品を東大寺が守ってきた意味が、あまり理解されていないように思う。

正倉院だけではない。東大寺の仏教美術は日本の頂点に君臨する。運慶《うんけい》・快慶《かいけい》の国宝・仁王像が、ほぼむき出しで南大門《なんだいもん》に「仁王立ち」している。三月堂の不空羂索観音菩薩《ふくうけんさくかんのんぼさつ》立像《りゅうぞう》の存在感と迫力と、霊性を秘めた美しさは、圧巻だ。大仏殿の正面に建つ金銅八角《こんどうはっかく》燈籠《とうろう》は、創建時から残る貴重な国宝だ。羽目板の音声《おんじょう》菩薩は、きわめて芸術的な造型である。

天皇権力と搾取の象徴という話も、間違っている。

天平十五年(七四三)冬十月十五日、聖武天皇は大仏発願の詔《みことのり》を発している。

「天下の富と権力を握っているのは朕《われ》（私）だ。だからこそ、大仏を建立する……」

なんと傲慢な発言だろう。これだけを読めば、天皇権力の恐ろしさだけが印象付けられるだろう。しかし、この詔には続きがある。趣旨は、以下の通り。

「天皇の富を以て大仏を造立することはたやすいが、それでは意味がない。心を込めて、盧舎那仏を拝んでほしい。自ら進んで、造仏に手を貸してほしい。一枝の草、一握りの土を持ち寄って、みなの力で盧舎那仏を作ろうではないか」

そして、「人間だけではなく、生きとし生けるものすべてが栄えなければならない」と、訴えたのだ。

天平時代は、天変地異が相次ぎ疫病は蔓延し、律令制度の欠陥が露呈していたから、人びとは苦しみ、喘いでいた。聖武天皇は、多くの民と共に、困窮し絶望する人びとを、救おうと考えたのだ（この詔が、聖武天皇のスタンドプレーではなかったことは、第五章で説明する）。

巨大な東大寺だが、意外にも権力者の傲慢や搾取とは無縁の寺なのだ。

そして東大寺は、日本の歴史の大きな節目となった。どういうことか、説明していこう。

古き良き時代への郷愁

まず、「天皇（大王《おおきみ》）」は、神道の司祭者だ。八世紀初頭に律令制度が整い、神道祭祀を司る神祇官《じんぎかん》は、政務を統率する合議機関・太政官《だいじようかん》と横並びになった。中国の律令にもない形の統治システムで、太政官を藤原氏が、神祇官を中臣氏《なかとみ》（藤原氏の傍流）が牛耳ることで、藤原氏は独裁体制の基礎としたし、天皇の行なう神道祭祀が王家を支える信仰上の柱になったわけだ。

このように、八世紀以降の天皇の権威は、藤原不比等《ふひと》が編纂した『日本書紀《にほんしよき》』の神話と、神祇祭祀（神道）によって保証されていたのである。

ちなみに、聖武天皇の即位によって、藤原氏は初めて外戚の地位を確保した（天皇の母と祖父の座を射止めた）。聖武天皇の母は藤原不比等の娘の宮子で、皇后は藤原不比等の娘の光明子《こうみようし》だから、聖武天皇は純粋に「藤原の子」であった。当然、聖武天皇は「中臣（藤原）神道」の守護者でもあった。そのように仕向けられただろうし、聖武天皇は「藤原の傀儡」そのものだった。

ところが、藤原不比等の四人の子が天然痘の病魔に襲われ、あっという間に亡くなった段階で、聖武天皇は反藤原派に豹変したのだ。

通説は、政権中枢の藤原氏が消え、反藤原派が台頭し、聖武天皇は権力者たちにおもねったと推理するが、これも間違いだ。聖武天皇の評価はこれまで低かったが、はっきりと反藤原を宣言し、戦っている。このあたりの事情も、のちに触れる。

そして問題は、なぜ聖武天皇が神道ではなく、仏教を選択し、帰依し、巨大な盧舎那仏を造立しようと考えたのか、である。

江戸時代の国学者・本居宣長《もとおりのりなが》は、「大和心」や「惟神の道《かむながら》」を重視していたから、聖武天皇が仏教を重視し盧舎那仏に頭を垂れてしまったことに憤慨している。

しかし、聖武天皇が目指していたものは、それこそ本居宣長がこよなく愛した「大和心」や「惟神の道」の復活だった。藤原氏が独裁権力を握る直前の古き良き時代への郷愁が原動力だった。ここに言う古き良き時代とは、具体的には、「蘇我《そが》氏全盛期」のことである。

蘇我氏は専横をくり広げ、王家を蔑ろにしたと信じられてきた。しかしこの常識が通用してきたのは『日本書紀』の記事を鵜のみにしてきたからで、『日本書紀』編纂の中心に藤原不比等が立っていたことが分かってくると（『日本書紀の謎を解く』森博達〈中央公論新社〉）、これまでの常識は、通用しなくなってきた。

端的に言ってしまえば、『日本書紀』は藤原不比等の父の中臣鎌足《かまたり》の正義を証明するための歴史書なのだ。したがって、中臣鎌足が正義の味方に見えるのは当然のことなのだ。

そして、中臣鎌足最大の功績は蘇我入鹿《いるか》暗殺だったから、蘇我氏が大悪人に仕立て上げられたと察しがつく。『日本書紀』は、歴史をひっくり返してしまったのだ。

そして、さんざん政敵を冤罪で追い落としてきたから、藤原氏は蘇我氏の都・飛鳥を捨て、呪われた平城京（ヤマト）から逃げだしたのだ（藤原氏が多くの「できる政治家」を滅ぼしてきたのだから、自業自得である）。

奈良時代や平安時代の多くの人びとは、「飛鳥（明日香）に都が置かれた時代」を懐かしんでいたようなのだ。

アマテラスと持統《じとう》天皇

太古の列島人は、強い権力の発生を嫌い、ゆるやかにつながる連合体を構築した。それがヤマト建国（三世紀後半から四世紀にかけての事件。古墳時代の始まり）であり、原則として大王（天皇）に強い権力は与えられなかった。

巨大な前方後円墳《ぜんぽうこうえんふん》を見れば、「天皇の巨大な権力」を想像しがちだが、これも誤解だ。世界中の王の墓は、都やその周辺に造られたが、日本の場合、巨大な前方後円墳は、地方でも造られた。大王の巨大古墳と競り合うかのような大きさの前方後円墳も、出現したほどだ。つまり、前方後円墳は中央集権的ではなく、地方分権の証拠なのだ。

話のついでに言っておくと、聖武天皇も地方分権的な発想を保ち続けた。それぞれの「国」ごとに東大寺のミニチュア版＝国分寺が建立された。平城京だけではなく、日本中の民が、土や草を持ち寄って救済されるよう、聖武天皇は考えたのだろう。

藤原氏が登場するまでの長い間、ヤマト政権は合議制を維持してきた。「ひとつの氏からひとりの議政官」という不文律と伝統が守られてきたし、蘇我政権も例外ではなかったのだ。

ところが藤原氏は、あこぎな手段を使って政敵を根こそぎ排除し、自家だけで権力を握ろうとした。そして、外戚の地位を獲得し、天皇を自在に操ることで、さらに強大な権力を手に入れようとした。その総仕上げが、聖武天皇の即位だった。だからこそ、藤原四子は権力を独占する方向に暴走し、邪魔になった貴族（豪族）や皇族を、次々と抹殺していったのだ。

ならばなぜ、聖武天皇は反藤原派に転向し、仏教に帰依したのだろう。

具体的で政治的な要因は、本文で詳しく解説する。ここで重視しておきたいのは、藤原氏が、日本的なゆるやかな政治風土を嘲笑い、古代の信仰や風習を全否定し、小馬鹿にし、捨て去ってしまったことが大きいと思う。

たとえば「神道」もすり替えられた。

藤原不比等は正史（正しい歴史ではなく、政権側が正式に編んだ歴史書）の『日本書紀』を編纂し、神話を編み上げた。

『日本書紀』の神話の特徴は、本文のあとに、「一書第〜」と、いくつもの異伝を用意したことだ。神話に客観性を持たせたように見えるが、実際は違う。政権が歴史や神話を提示するのは、権力者の正義を証明するためで、政権にとって都合の良い神話をまとめ上げるのが本来の姿だ。

それなのに「いろいろな神話があるのだが、さて、どれが本当のことだろう」と、とぼけてみせたからには、それなりの「カラクリ」が隠されていると、疑うべきなのだ。

『日本書紀』神話編纂の最大の目的は、「女神アマテラス（天照大神）」の創作であり、アマテラスと七世紀後半の女帝持統《じとう》を結びつけることにあった。

『日本書紀』の本文の歴史は、女帝持統が孫の軽皇子《かるのみこ》（文武《もんむ》天皇）に禅譲（王位を譲る）した場面で幕を閉じる。そして持統天皇の諡号《しごう》は「高天原広野姫天皇《たかまのはらひろのひめのすめらみこと》」で、天上界（高天原）に燦然と輝く正義の太陽神・アマテラスのイメージだ。

神話の中の女神アマテラスも、孫のニニギ（天津彦彦火瓊瓊杵尊《あまつひこひこほのににぎのみこと》）を天上界から降臨させ、地上界の支配者に据えていて、持統の禅譲とリンクしているのだ。つまり、『日本書紀』は神話をくり返していて、女神や女帝から孫に王位が継承され、新たな世の中が生まれたと言っている。

『日本書紀』と藤原不比等が言いたかったことは明らかだ。持統天皇から始まる新たな王家こそ、正義なのだと……。それは、神話の時代にさかのぼれば明らかではないかと、『日本書紀』は訴えているのである。

東大寺造立は古き良き時代への回帰運動

もうひとつ興味深いのは、天皇家の祖神が誕生した瞬間の神話で、アマテラスとスサノヲがからんでくる。

スサノヲが暴れ回り、天上界（高天原）を奪われるのではないかと恐れたアマテラスに、スサノヲは誓約《うけい》を申し出る。聖なる占いによって、無実を証明したいというのだ。そこで両者はお互いの所持品から子供を生み落とし、スサノヲの無実は確かめられた。この時、アマテラスは天皇家の祖神を自身の子と定めた。スサノヲの子は宗像《むなかた》三神たちである。問題は、イザナキとイザナミが男女の仲（オトナの関係）になって国土や神々を生み落としたのに、スサノヲとアマテラスは手も握らず、アマテラスは処女懐妊していることだ。

そしてアマテラスは、直系の孫に地上界の統治を委ねた。ここに、神話のカラクリが隠されている。正常な夫婦なら、産まれ落ちた子はふたりの子でもある。ところがスサノヲは、「父親の立場を認められなかった」わけである。これは明らかなスサノヲはずしである。

女神アマテラスは女帝持統そのものなのだが、持統天皇も孫を天皇に据えている。その孫の祖父（持統の夫）は実在したわけで（当たり前ではないか）、それが、壬申《じんしん》の乱（六七二）を制した古代史の英雄天武《てんむ》天皇（大海人皇子《おおあまのみこ》）であり、アマテラスがスサノヲを排除したのは、持統天皇と藤原不比等にとって、天武天皇の存在が邪魔だったからだと察しがつく。つまり、本来なら天武天皇の孫でもあった文武天皇は、『日本書紀』神話によって、持統天皇だけの孫に化けたのである。

理由は簡単なことで、天武天皇は藤原氏の敵だったからだ。天武天皇は、藤原氏が強力にプッシュしていた天智《てんじ》天皇の子の大友皇子を壬申の乱で滅ぼしていた。このため、しばらく藤原氏は、埋没してしまう。

天武天皇を支えていたのは蘇我氏や尾張氏で、彼らは藤原氏の政敵でもあった。天武天皇は壬申の乱ののち親蘇我派の政権を樹立したのだ。また、蘇我氏がかつて信じられてきたような古代史の大悪人であったとする説は覆されつつある。むしろ彼らこそ、改革派だったのである。

だから藤原氏の天敵は親蘇我派の天武天皇であり、天武天皇（スサノヲ）はずしの神話を構築し、持統天皇から始まる新たな王家（親藤原派の王家）の誕生を、『日本書紀』の歴史記述の最後に提示したのだ。

藤原不比等は「女神アマテラス＝女帝持統」という新たなストーリーを神話にねじ込み、それを証明するために伊勢神宮を創祀し、伝統的な神祇祭祀（神道）や神話の多くを改変し、中臣氏（藤原氏の枝族）が神祇祭祀を独占してしまった。

つまり、それまでの神道や天皇のあり方も、大きく変化したのである。古い時代の良き伝統は、こうして藤原氏の手で破壊されたわけだ。

ここに、聖武天皇豹変のひとつの大きな理由が隠されている。聖武天皇は女帝持統の曾孫だが、天武天皇の曾孫でもあった。

聖武天皇は、藤原四子が天然痘で全滅したあと、ある人物から「真実の歴史」を吹き込まれた気配がある。「藤原氏のしでかしてきた悪事」を暴露されたようだ（本文で詳述する）。

こうして、「藤原の子」であり「持統天皇の曾孫」だった聖武天皇は、「親蘇我派・天武天皇の曾孫」であることに目覚め、藤原氏によって改変されてしまった神道を憎み、本来の土着の信仰（神道）と仏教を融合させ（神仏習合）、藤原政権に弾圧されていた乞食坊主や智識《ちしき》（善知識《ぜんちしき》）たちを味方に付け、東大寺を建てたのだ。東大寺造立は、古き良き時代への回帰運動であり、新たな時代に向けたスタートでもあった。

ところが、聖武天皇の運動は、復活した藤原氏の妨害に遭い、頓挫する。このあと、藤原氏はさらに勢いを増し、政敵を粛清し、有力皇族を密殺し、平城京を捨て、律令システムの制度疲労を悪用し、各地の土地をほぼ手に入れ、わが世の春を謳歌する。

平安時代の藤原道長に至っては、「欠けることのない満月」と豪語し、逆に庶民は困窮し、疲弊していったのだ。

東大寺こそ、「人びとの安寧の時代の最後の輝き」であった。だからこそ、われわれは、ヤマトやアスカが恋しいのだ。

日本の古代史は不明点だらけだが、東大寺を起点に謎解きを進めれば、必ず正解が得られると確信している。「本当の日本」は「東大寺以前の歴史」に隠されている。

第一章

日本人のルーツ

日本人はどこからやってきたのか

日本人がどこからやってきたのか……。すでに明治時代から、議論は続いてきた。はじめは解剖学者や人類学者が意見を述べ合っていた。日本の先住民は縄文人で、その後大陸からやってきた人びとに駆逐されたと考えられていた。

昭和になると、形質人類学《けいしつじんるい》や医学の手法が用いられ、人骨の研究によって、縄文人が周囲から流れこんだ人びとと混血をくり返し、現代人につながったと推理した。縄文人が変化して現代人になったとする解剖学者も登場した。

戦中・戦後になると、民族学者も議論に加わってきた。

たとえば岡正雄は『日本書紀』や『古事記《こじき》』の神話に、多くの異なる民族の伝承が混じり合っていることに注目した。

母系的で陸稲栽培《りくとうさいばい》を行なっていた狩猟文化的な神話（イザナキ・イザナミ）の要素と、父権的で支配者の文化である神話（天孫降臨《てんそんこうりん》神話）の要素、さらに母系的で芋栽培の狩猟民文化を匂わす「仮面来訪神《かめんらいほう》」や、父系的で畑作・狩猟・飼育文化の「シャマニズム神話」、男性的で年齢階梯制《ねんれいかいていせい》的で、水稲栽培、漁撈民文化を内包した「シャマニズム神話」だ。これらは東南アジア、オセアニア古層文化、朝鮮半島、中央アジア、シベリア諸民族、弥生時代の倭人の文化が融合していて、つまりは、多くの民族が日本列島に流れこんだと考えたのだ。

ちなみに、世界中の神話には、多くの共通点が見出されている。その理由は、かなり古い段階で、神話の原型が出来上がっていて、民族ごとの拡散と移動によって、世界中によく似た神話が語り継がれていったのではないかと考えられるようになってきた。

戦後になると、江上波夫の「騎馬民族日本征服説」が登場した。朝鮮半島北部の騎馬民族が海を渡り北部九州に拠点を構え、古墳時代のどこかの段階でヤマトに乗り込んだという。戦前の皇国史観に対する反発という風潮に乗って、一世を風靡したものだ。もちろん、多くの渡来人《とらい》が日本を席巻し、王朝交替をくり返したという推理だ。

先進の文物が中国や朝鮮半島から北部九州にもたらされ、力と富を蓄えた強い王が九州からヤマトに乗り込んだという発想は、長い間常識となっていた。古代日本の文物や人は「西から東に移動した」と、考えるのが当たり前だったのだ。ところが、考古学がこれまでの考えを覆してしまった。三世紀のヤマト建国のきっかけは纏向《まきむく》遺跡（奈良県桜井市）

で造られ、九州の人びとはほとんど参画していなかったことが分かってきたのだ。この時代の人びとは、西から東ではなく、東（近畿・東海）から西（九州）に移動していたのである（詳しい話は第三章で）。

それはともかく、近年では、考古学と遺伝子研究が、幅をきかせてきた。特に、遺伝子研究の進展がめざましい。

かつて、日本人の成り立ちは、二重構造モデルで説明されていた。旧石器時代人は東南アジアから北上して日本列島にたどり着き、基層の集団となり、要は彼らが縄文人になっていったと考えられていた。これが、古モンゴロイド（「モンゴロイド」は黄色人種）だ。また、弥生時代になると、朝鮮半島を経由して稲作を携えた人びと（渡来系弥生人）がやってきたが、彼らは新モンゴロイドと呼ばれ、大陸を北上し、寒い地域に適応し、形質を変化させたという推理だった。体毛が減り、一重まぶたになったりの変化があったと推理された。

大陸北部の寒冷地適応に関しては、遺伝子レベルで、事実だった可能性が高まった。一万九千年前の最終氷期最寒期に、中国黒竜江省の周辺に現代の東アジア人のタイプに似た人びとが流入し、しかもある遺伝子に変異型北東アジア人の形質が出来上がっていったという。彼らが弥生人の先祖と考えられてきた。古モンゴロイドと新モンゴロイドの二つの人種が日本列島人を形成したという。

しかし、この二重構造説は、単純すぎたことが、ようやく分かってきたのだ。現代人と古代人のゲノム（全遺伝情報。「ゲノム」はドイツ語。英語では「ジノーム」）の解析が進み、日本人の正体が、ようやく解明されようとしている。その様子を、紹介しよう（参考にしたのは、以下の著書『弥生人はどこから来たのか』藤尾慎一郎〈吉川弘文館〉、『人類の起源』篠田謙一〈中公新書〉、『ゲノムでたどる古代の日本列島』斎藤成也監修・著、山田康弘・太田博樹・内藤健・神澤秀明・菅裕著〈東京書籍〉、『新日本人の起源』崎谷満〈勉誠出版〉、『日本人の源流』斎藤成也〈河出書房新社〉）。

最新の遺伝子研究

最新の遺伝子研究を文字に起こして紹介するのはなかなか厄介な作業で、半年後にはもはや古びてしまうほど、遺伝子研究（ゲノム解析）は日進月歩の勢いだ。

ただここで、一言添えておく。科学的な研究のすべてが正確なわけではないことも、留意しておく必要がある。縄文人骨のサンプルが少ないため、決定的な答えがまだ得られているわけではない。特に日本列島は酸性土壌だから、一万年以上前から数千年前の縄文人たちの古人骨は、ほぼ土に帰ってしまったのだ。

それでも、最新の遺伝子研究によって、日本人のルーツのおおよそは分かってきた。しかも、かつての常識は、ほぼ通用しなくなってしまったのである。

人類の起源は七百万年前と考えられていて、チンパンジーの祖先と枝分かれしたのだ。ホモ属は二百五十万年前〜二百万年前に出現した。

さらに、人類の祖先、新人（ホモ・サピエンス。現生人類）は、ミトコンドリアＤＮＡ（以下、ミトコンドリア）や遺伝子ゲノムの解析によって、今から三十万年前から二十万年前に誕生したと考えられるようになった。ミトコンドリアは、母から子に伝わる遺伝子だ。現代人の祖は、アフリカのひとりの女性に行き着くと発表され、「イヴ仮説」と、話題になった。

そして六万年前から五万年前、人類はアフリカから各地に散らばっていき、ネアンデルタール人（旧人）らと混血を重ねながら世界に拡散していった。ちなみに、アフリカ以外の現代人にネアンデルタール人のゲノムが一〜三％伝わっている。旧人は、アフリカから五十万年前ごろ飛び出していった人びとだ。

各地に散らばったヒト集団、人類（ホモ・サピエンス）は、一万年ほど前から、農耕をはじめている。

ちなみに、ホモ・サピエンスは、あらゆる生物の歴史で見ると、新しい種であり、人種ごとの遺伝子の差は、見た目ほど大きくない。肌の色や顔や背丈の差はあっても、他の類人猿と比較すると、変異の蓄積は小さかった（時間が短かった）。「人類みな兄弟」ではないが、遠く隔たった環境に生きていても、遺伝子の違いは少しなのだ。

それはともかく、日本列島には、四万年前に最初のホモ・サピエンスが到達した。彼らは旧石器時代人だ。世界史という視点から言うと、後期旧石器時代にあたる。また、この時代の人骨はほとんどみつかっていない。琉球列島ではみつかっているが、日本列島では、静岡県浜松市の浜北遺跡の一例だけだ。また彼らが、新石器時代の縄文人につながっていく。

旧石器時代人は東アジアの内陸と沿岸部に拡散した人びとで、二つの系統の人びとが大陸で合流したあとに日本に渡ったのか、あるいは、二つの系統の人びとが別々に日本列島にやってきて合流したのか、まだよく分かっていない。

ちなみに、現代の日本人のゲノムの一割以上が後期旧石器時代までさかのぼる縄文人由来なのである。

また、約四千四百年前から三千年前（縄文時代後期と晩期）に、日本列島中央部に、第二の渡来民がやってきた。狩猟採集民で、漁労を生業にしていた。どこからやってきたのか、まだ分かっていない。長江河口部や沿岸部だった可能性がある。

日本人の成り立ちは三重構造で説明できる？

日本に稲作が伝わったのは、紀元前十世紀後半のことで、今から三千年ほど前のことだ。

この時、日本列島に稲作をもたらした人たちの素姓も、分かってきた。

中国北東部の雑穀農耕地域だった西遼河《せいりようが》（中国内モンゴル自治区東南部から遼寧省北部に流れる川）流域の古人骨から、日本や韓国の現代人と共通するゲノムがみつかっている。また、日本や韓国以外の地域には、このゲノムが伝わっていない。彼らが弥生時代に日本に農耕や稲作を携えて渡ってきたものと考えられるようになった。

さらに、金沢大学や鳥取大学などの国際研究チームが古墳時代の人骨のDNAを調べたところ、古墳時代の渡来人は、弥生時代に流入してきた北東アジアの人びととは違い、東アジアに広く分布している人びとだったこと、現代日本人とよく似ていること、古墳時代に渡ってきた人びとが想像以上に多かったことを指摘している。

これらの研究成果により、最近は「三重構造モデル」が提唱されている。その三つとは、①沖縄に多い縄文系、②縄文人の遺伝子とも近く、また四世紀から五世紀の朝鮮半島（三国時代）の古代韓国人に近い東北系、③関西に多く漢民族との親和性が高い関西系だ。

また、斎藤成也の研究グループは、現代人のゲノム規模ＳＮＰデータを用いて、縄文人のゲノムが伝わった割合を、一四～二〇％と推定した。

さらに余談だが、中込滋樹の研究グループは斎藤成也と同じ最新のゲノム規模ＳＮＰデータを用いて試算していて、現代日本人の縄文人ゲノムの割合を二二～五三％と割り出した。

同じデータを用いたのに、なぜこれだけ大きな差が出てしまったのだろう。土着縄文人と渡来人の混血が起きた推計年代の差にあり、斎藤成也が東日本のごく一部のサンプルを「代表的縄文人」と捉えたのに対し、中込滋樹らは、「西日本の縄文人も計算枠に入る推理」を働かせたのである（『日本人の源流』斎藤成也〈河出書房新社〉）。これだけの違いだけで現代人に占める縄文的な人口が上下するのだから、まだ、研究成果を鵜のみにする段階ではないかもしれない。

遺伝子ゲノムの研究は、また半年後、一年後には更新されるだろうから、今は結論を急がない方がよい。

いずれにせよ、直近の研究成果によって、旧石器時代から日本列島の基層を形成した人びとがいて、縄文人と呼ばれるようになり、そこに多くの渡来人が二度にわたって重なっていったことが分かってきた（おおまかな流れだが）。

興味深いのは、アフリカを出立した人びとは大きく分けて三つのY染色体（父から男子に伝わる性染色体。X染色体は母から男女に伝わる性染色体。Y＋Xの組み合わせで、男子が生まれる。X＋Xは女子になる。ちなみにXの遺伝子は傷ついても結びつく他のX染色体が修復してくれるが、Y染色体は、傷ついたままなので、どんどん劣化していくという）のグループに分類できるが、日本列島にはそのすべてがたどり着いていて、ここに日本人の遺伝子の多様性が見出せるという。これは、世界的に見てもめずらしいことなのだ。また、縄文人も単純なひとつの民族だったわけではなく、弥生人も単一の渡来民族だったわけでもないことも分かってきた。日本列島人の遺伝子の最大の特徴は、多様性だったのである。またその一方で、東アジアの人びとと遺伝子は似ているが、日本人を特徴付けているのは、縄文人の遺伝子を継承していることなのだ。

中国文明と日本文明

ここで注意すべきは、「現代人には一割から二割（あるいは五割）の縄文系の遺伝子が残されているにすぎない」こと、「古墳時代に大量の渡来人が流入していた」ことを以て、「やはり日本列島は渡来人に席巻されたのではないか」と思い込んでしまうことなのだ。

少なくとも数字で物事を判断する科学者は、日本は古墳時代の渡来人が造った国と思ってしまうだろう。しかし話は、それほど単純ではない。数字の裏側に隠された人びとのいとなみを、もう少し考えてみる必要がある。そこに、「歴史を学ぶ意味」が、隠されていると思うからだ。

そこでいろいろと細かく説明しておきたいことがある。

まず、「縄文時代」や「弥生時代」と言った時代区分も、今後大きく様変わりすることになりそうだ。たとえば縄文を施した土器（縄文施文土器）が、縄文時代の日本中で、いつでも作られていたわけでもなく、非縄文土器は多数みつかっている。国際的な新石器時代の定義からもはずれている。したがって、縄文時代という呼称も、こののち使わなくなる可能性が出てきている。

もうひとつ、縄文時代から弥生時代への移り変わりについても考えておきたい。

稲作が北部九州の沿岸部に伝わったのは、かつては紀元前五世紀ごろと考えられていた。ところが、炭素14年代法によって、紀元前十世紀後半にさかのぼる可能性が高まったのだ。その結果、何が分かったかというと、稲作の伝播は遅々として進まなかったということだ。北部九州に伝わった稲作はあっという間に各地に伝播していったと信じられていたが、伝播の時期が古くなったことで、常識は覆されたのだ。関東地方で本格的な稲作が導入されるまで、数百年の年月を要していたのである。

稲作と共に大量の渡来人が日本列島に押しかけていたわけでもなく、東側の列島人が稲作を拒んでいた様子も分かってきた。いくつもの壁がはだかっていたようなのだ。

たとえば、弥生前期の終わりごろから、分銅形土製品《ふんどうがたどせいひん》（フィギュア）が瀬戸内を中心に登場するが、これは、縄文時代晩期末に西日本で造られた土偶《どぐう》が起源だ。

土器も、縄文土器からいっぺんに弥生土器に入れ替わったわけではなく、瀬戸内や近畿では、文様を排した遠賀川系の土器に代わって、櫛などの道具を用いて土器に文様を刻む風習が戻っていた。これは縄文中期の全盛期の土器に似ているのだ。一度渡来系の文化に染まった地域も、いつの間にか縄文的な文化に回帰するという揺り戻しも各地で起きていた。

縄文土器だけではない。弥生時代を代表する青銅器の銅鐸にも、縄文的な意匠が凝らされているという指摘がある。

弥生時代の日本列島は、渡来系の文化に席巻されたわけではなく、躊躇しながら新来の文化と生業を、恐る恐る各地域ごとに採用していったと思われる。だから、均一な「弥生時代」を想定することは難しいし、ここに日本人の日本文化の本質が隠されているように思う。中国文明に対する不思議な接し方を先史時代の列島人はしていたし、これが日本列島人の「文化」になっていったと思われる。日本は中国的な文化と文明を拒んでいたようなのだ。

その例のひとつが、銅鐸である。

弥生時代後期の銅鐸文化圏は近畿地方から東側だが、そこで銅鐸は巨大化し、観る道具に化けている。これは第二の道具であり、実用的ではない。強い王に祭器を独占させたくないという思惑が集落の共通の認識になっていたようなのだ。

同時代の北部九州の王たちは、富を蓄え、威信財《いしんざい》である青銅器（剣や矛）を私有し誇示した。そして墓に埋納したが、銅鐸文化圏の王は、墓に銅鐸を埋めることもなかった。富と権力の集中を、人びとは嫌っていたようなのだ。

松木武彦は、これを社会の構造が縄文と共通点を持っているからと指摘している（『日本の歴史一　旧石器・縄文・弥生・古墳時代　列島創世記』小学館）。

その通りだと思う。そして、古墳時代や奈良時代に至っても、中国文明をそっくりそのまま受け入れようとしなかったところに、列島人と古代史の面白さが隠されていると思う。

森と人を食べ尽くした中国文明

ここで少し、中国文明について考えておきたい。古墳時代の渡来人の正体を明らかにしておきたいからだ。

中国文明は世界でもっとも長く続いたことで知られている。

新石器時代人は農耕を選択し、余剰生産によって人口を増やした。結果、土地（農地）と水が足りなくなり、近隣との争いが勃発した。人類が戦争をするのは、農耕を選択したからだという仮説があるが（『進化論の現在　農業は人類の原罪である』コリン・タッジ、竹内久美子訳〈新潮社〉）、あたっていると思う。事実、世界中で、新石器を手に入れた人びとは、農耕をはじめ、農耕は文明を生み、富を蓄えたが、土地と水利の奪いあいのために、組織的な戦闘が勃発している。狩猟採集民族は、お互いの縄張りを守り、生活に必要な獲物だけ食していたから、大規模な戦闘は起こらなかったのだ。

また、人類が農耕を選択したことで、多くの森林が消えた。新石器時代は磨製《ませい》石器の時代で、石斧によって初めて樹木を伐採することが可能となった。農地を確保し、耕した。そして、人口爆発が起き、戦争が始まったのだ。やがて金属器が出現し、強い武器が求められた。冶金のための燃料に、森林はさらに減り、大地の草原化が始まった。

ただし、文明は長続きしない。豊穣の大地は砂漠と化して、衰頽するからだ。中国の文明と戦乱が、豊かな森をみるみる消していった。『韓非子《かんぴし》』や『墨子《ぼくし》』には、中国から森が消えていく様が描かれていて、戦国末期（紀元前三世紀ごろ?）の宋の時代には、「長木

（大木）なし」と記録されている（『墨子』）。『史記《しき》』「秦始皇本紀《しんしこうほんぎ》」に、始皇帝が淮水《わいすい》（淮河《わいが》）を渡ったとき嵐に遭い、神の仕業と知り、大いに怒り、刑徒三千名を動員して、一帯の樹木を伐採して禿げ山にしてしまったとある。ここは秦にとっての貴重な木材供給地で、始皇帝が大量の森林を消費してしまったことの説話化の可能性が高い。天下を統一したあと、巨大な宮殿を建設するために、七十万人を動員して、広大な地域の木材をすべて集めたと記録されている。森は失われ、荒廃した土地が広がっていったのだ。

ところが、大森林の消滅によって、騎馬民族の侵入を防ぐことができなくなってしまった。大草原を疾走する騎馬民族日本征服説の機動力は、絶大だった。森がないから防衛のためのゲリラ戦もできない。

せっかく生まれた中国の歴代王朝も、ことあるごとに、異民族に乗っ取られたのだ。ところが、漢民族は滅びなかった。黄河流域の漢民族の王家は、異民族に敗れると、必ず南に逃れた。そこに広がっていたのは長大な河川（長江）と、広大な森林だった。ここで息をひそめ、英気を養い、その後復活して黄河流域に戻ったのだ。そしてふたたび、新たな文明を築き上げることとなる。

ちなみに、今は砂漠と化した黄土高原も、三千五百年前は、八〇％が森だった。ところが三千年前の殷の時代になると五〇％に、現在はたったの六％に激減した。

中国は、世界一長い文明を築き上げた。大自然を収奪し、物質文明を保ち続けたのだ。上田信は、現代に至っても中国は変わっていないと指摘している。自然を征服し、自然を排除し、人工的な社会を作りあげてしまったと言っている（『森と緑の中国史』岩波書店）。その通りだと思う。

中国は世界一の文明の国だが、その文明を築くために、中国大陸に存在していた大森林を、食べ尽くしてしまったのだ。そして、森を失っても漢民族は膨張を止めず、他民族を次々と追っ払ってしまったようだ。漢民族のY染色体は単純で（ハプログループのO３）、単一民族と言っても過言ではない。多様性を秘めた日本人とは、真逆だ。

それはなぜかというと、漢民族が他民族を攻め滅ぼしたとき、女性は生かし、男性は皆殺しにしたからではないかと考えられている。中国の皆殺しの文化は、文献にも記録されていることなのだ。

たとえば、敗れた敵の男性を切り刻み、塩漬けにして（『日本書紀』には「醢《すし》」と書かれている）王に献上し、みなで食したようだ。これも、多くの文書に記録されている。漢民族に「共存」という発想はない。やらなければやられるのだから、皆殺しは当たり前の大陸的な発想なのだ。

日本は渡来人に席巻されたわけではない？

なぜ中国文明と森の話をしたかというと、日本列島に大量の渡来人が押し寄せてきた古墳時代の中国の状況が、戦乱と混乱の時代だったことを知ってほしかったからだ。

ゲノム解析の結果、古代中国には南北の地域集団の間で、遺伝的な相違が存在していたことが分かってきた。

北の黄河流域と南の福建省の人骨を調べたところ、一万年前から六千年前まで南北にははっきりとした遺伝子の違いがあったが、次第に混じっていったことが判明した。ところが、現代の中国人は、北側のグループが優勢で、古代の黄河流域集団に近い。おそらく、五千年前から四千年前に、北の人びとが優勢になったようだ。東アジア全体でも、この時期から遺伝子の多様性は、減少していく。

おそらく、中国古代王朝が何度も入れ替わり、戦乱を経て領土を拡大していく過程で、漢民族は他民族を排斥していったのだ。

ヤマト建国は、中国が三国鼎立の時代だったときの話で(いわゆる『三国志』や『三国志演義《えんぎ》』とほぼ同時代)、物語の勇ましい戦闘シーンや諸葛孔明《しょかつこうめい》らの活躍や人間模様に、多くの人が魅了されるが、現実の中国は、森林破壊によって引きおこされた天変地異や疫病の蔓延、不作によって混乱し、疲弊していたのだ。漢の時代と比較して、人口は十分の一に減少していた(戸籍上の人口だから、実際に減少していた分と逃亡した人びとが存在したと考えられる)というから、地獄絵巻だったわけである。

このあとも、戦乱は続いたし、統一国家は隋《ずい》の出現まで待たねばならなかったから、多くの人びとが周辺に逃れていき、その選択肢のひとつに、日本列島があったわけだ。

漢民族が中国の中心部を席巻し、政敵を追いはらい、あるいは殲滅した。漢民族の「妥協も共存もしない性格」を誰もがよく分かっていただろうから、大量の難民(ボートピープル)が発生したわけだ。漢民族の王朝が辺境の異民族=騎馬民族に追われても、必ず戻ってきて、戦乱は止まなかった。

つまり、漢民族に追われた人びとが、古墳時代に日本列島に逃げてきたことは間違いない。ただしそれは徐々にであり、江上波夫の「騎馬民族日本征服説」のように、大挙して計画的に押し寄せたとは考えにくい。

そして中国から大量の難民が押し寄せる以前、三世紀後半から四世紀にかけて、すでにヤマト政権は樹立されていた。前方後円墳という共通の埋葬文化でつながるゆるやかなネットワークは構築されていて、その政権が中国からやってきた人びとを統治システムに組みこみ、先進の文化を先取りしてさらに力をつけたのだろう。

渡来人が日本列島を席巻したのではないかと考えられがちだが、ヤマト政権が六世紀末から七世紀初頭まで、前方後円墳体制を維持できたところに、真相は隠されていよう。ヤマト政権が構築した信仰形態（埋葬文化）と統治システムは盤石で、揺るがされることはなかった。ここには注意が必要だ。

また、先進の中国文明に日本人はひれ伏したのではないかと思われるかもしれない。しかしそれも間違いだ。たとえば列島人はなかなか稲作を受け入れなかったし、その前の縄文人に至っては、なぜか、狩猟採集を選び続けた。縄文人は新石器時代人だから、世界史を基準にすれば、とっくに農耕を選択していたはずなのだ。

中国文明を列島人は拒んでいた？

農耕を選択すれば、どのような社会になるのか、縄文人は本能的に知っていたのではなかったか。

縄文人の流れを汲む列島人は、文明や進歩に懐疑の念を抱いていた可能性が高い。『日本書紀』神話の中にも、「反文明」を唱えた神が登場する。それがスサノヲだ。朝鮮半島に舞い下りたスサノヲは日本列島にやってくる（戻ってくる）。そして、「朝鮮半島には金属の宝があるが、日本には浮く宝がないといけない」と述べている。「浮く宝」とは船を造る木材だ。また、燃料の炭を作り建材にする樹木で、森こそ日本の宝だとスサノヲは発言し、植林をはじめたと『日本書紀』は言う。これは一種の文明論ではないか。

話は横道にそれるが、『日本書紀』編纂の中心に藤原不比等が立っていたという話はすでにしてあるが、藤原不比等は中臣鎌足の正義を証明するために、蘇我氏の正体を抹殺している。その過程で、ヤマト建国に貢献した蘇我氏の祖を神話の中に封じこめ、さらにその神と蘇我氏の系譜を遮断している。その「正体を消された神」が、スサノヲだった。

スサノヲはアマテラスの弟だが、天上界で暴れたために追放された。その時、雨が降っていたので、スサノヲは簑笠を着て、天上界の神々に宿を乞うたが、穢らわしいと馬鹿にされ、断られている。

簑笠を着て身を隠す者は「鬼」と信じられていたから、藤原不比等の描いた神話の世界で、スサノヲは卑賤の身とみなされていたことが分かる。『日本書紀』は明らかにスサノヲを敵視し蔑視している。スサノヲが蘇我氏の祖だったからだろう。

スサノヲが出雲《いずも》に建てた最初の宮が簸川《ひのかわ》（斐伊川《ひいかわ》）上流部の「須賀宮《すがのみや》」で、ここで生まれたスサノヲの子が「清之湯山主三名狭漏彦八嶋篠《すがのゆやまぬしみなさるひこやしましの》」だ。このスサノヲの子の「スガ」が、「ソガ」に音韻変化していく。

但馬一宮の粟鹿神社《あわがじんじゃ》では、清之湯山主三名狭漏彦八嶋篠を「蘇我能由夜麻奴斯禰那佐牟留比古夜斯麻斯奴《そがのゆやまぬしみなさむるひこやしましぬ》」と記し、「スガ（須賀）」が「ソガ（蘇我）」になっている。出雲大社本殿真裏のスサノヲを祀る「素鵞社」は、「スガの社」のはずが、「ソガの社」と呼んでいる。

奈良県橿原市《かしはらし》の宗我《そが》坐《にます》宗我都比古神社《そがつひこじんじゃ》は、蘇我倉山田石川麻呂《そがのくらやまだのいしかわのまろ》（蘇我入鹿の従兄弟）の末裔の北西氏が神職を務めているが（北西氏は江戸時代に「蘇我」から改名した）、周囲の地名は「真菅《ますが》」で、「ソガ」の氏神は奈良の「スガ」で祀られている。

それはともかく、蘇我氏の祖神・スサノヲは朝鮮半島や中国の金属文明が戦乱を引き寄せて人びとが苦しんでいる様をつぶさに見てきて、みなに警告を発したのだろう。列島人は、どこか「文明」を恐れていた気配がある。

八世紀に至ると、ヤマト政権は中国の隋や唐で完成した「律令制度」を導入し、中央集権国家を形づくるが、ここで中国のものまねはしなかった。強大な権力を保有する皇帝を中心とする統治システムではなく、太政官（合議の場）を頂点にして、天皇は太政官からあがってきた案件を追認した。これは、ヤマト建国時から続いた、ゆるやかで強い王を生まない統治システムの文化をそのまま継承したものなのだ。

松木武彦は、「日本」について次のように述べる。

はるか中国に発した「文明」の遺伝子は、北部九州を経て（中略）浸透してはきたが、基本的な文化の形質そのものを変えてしまうには至らなかったということである（『日本の歴史一　旧石器・縄文・弥生・古墳時代　列島創世記』小学館）。

まさにその通りで、これは弥生時代の話だが、この伝統は継承されたのだ。大量の人びとが中国の大戦乱と虐殺から逃れ、古墳時代の三百年から四百年にわたって日本に渡ってきたとしても、だからといって日本が中国化することはなかったと思われる。

古墳時代の渡来人と秦氏

大量の渡来人が数百年にわたって列島に押し寄せたのは事実であり、それでも中国化しなかったとすれば、その具体的な歴史を探し出すことは可能だろうか。

そこで話は、一度六世紀半ばに飛ぶ。『日本書紀』欽明《きんめい》即位前紀に、代表的渡来人の秦氏にまつわる次の話が載る。

欽明天皇がまだ幼いとき（即位以前）、夢を御覧になった。ある人が、「あなたが秦大津父《はたのおおつち》という者を寵愛されれば、成人されたとき、必ず天下をお治めなさることになるでしょう」

と言った。そこで使者を遣わし、秦大津父を探し出した。山背国紀伊郡深草里《やましろのくにきのこおりふかくさのさと》（京都盆地南部。山背国は秦氏の拠点）で、みつかった。秦大津父を招き入れ、厚く待遇すると、富み栄え、即位するに及び、大蔵省《おおくらのつかさ》に任じた……。

秦氏を重用しなければ、欽明天皇の即位はなかったようにも読みとれる。秦氏は、朝鮮半島からやってきた人びとだ。

欽明天皇は継体《けいたい》天皇の子だが、継体は越《こし》（北陸）からやってきた王で、越にいたとき、すでに尾張《おわり》氏の女性との間にふたりの男子が生まれていて（安閑《あんかん》・宣化《せんか》天皇）、順番に即位していた。いわば継体王朝は、「東側からやってきた王家」で、やや異質なのだ。これに対し欽明天皇は、継体天皇が即位したあと、ヤマトの前政権の王家の娘を娶った子供で、両者の間に主導権争いが勃発していた可能性もある。五世紀末のヤマト政権は混乱し、疲弊し、やむなく日本海から王を連れて来る必要があったわけで、ここで旧政権が優位に立つためには、渡来系の秦氏の財力を必要としたということだろう。

秦氏は、多くの渡来人をまとめ上げていた。「秦氏」と言っても、すべてが血縁でつながっていたわけではない。渡来人を秦氏の氏上《うじのかみ》（秦氏の本宗家の長）の元に集め、「秦」を名乗っていた。蘇我氏が七世紀に重用した漢氏も渡来系で、多くの渡来人を束ねていたテクノクラート集団だ。

さらに、話は五世紀後半にさかのぼる。『日本書紀』雄略《ゆうりやく》天皇十五年条に、次の話が載っている。

秦民《はたのたみ》（全国に散らばっていた秦人、秦人部、秦部）を臣《おみ》や連《むらじ》（などの姓《かばね》を与えられた有力豪族）などに分散し、各々の思い通りに使役させ、秦造《はたのみやつこ》には委ねなかった。このため、秦造酒は気を病みながら天皇に仕えていた（不満をため込んでいた）。雄略天皇は秦酒公《はたのさけのきみ》を寵愛され、秦の民を集めて、秦酒公に与えた。秦酒公は百八十種類の勝《すぐり》（渡来人の統率者）を率いて、庸《よう》と調《ちよう》の絹と縑《かとり》（固く織った絹の織物）を奉献し、朝廷にたくさん積み上げた。そこで姓を賜り「禹豆麻佐《うずまさ》」と言った。

雄略十六年秋七月、詔して、桑に適した土地（国県）に桑を植えさせた。また、秦民を分離して移住させ、庸と調を献上させた。

『新撰姓氏録《しんせんしようじろく》』の山城諸蕃《しよばん》の記事に、秦酒公の少し前の話として、雄略天皇が全国に散っていた秦民を捜させたこと、九十二部、一万八千六百七十人を得たとある。やはり、巨大勢力だったことが分かる。

秦氏だけではない。同年十月、漢部《あやべ》の話が載る。漢部は漢氏の部民《べみん》で、漢氏も朝鮮半島からの渡来人だ。


冬十月、詔して、漢部を集め、その伴造《とものみやつこ》（部民の管理者）を定め、姓を与え「直《あたい》」とした。


これらの『日本書紀』の記事から、古墳時代の渡来人への待遇が見えてくる。元々は天皇の元に集められた渡来人たちだったが、次第に有力豪族に支配されていくことになった。そして五世紀後半の雄略天皇の時代、秦氏や漢氏らのグループに分けられ、統率されていたのだ。

雄略天皇の時代には、秦氏らの活躍によって、朝廷にうずたかく庸・調が積み上げられていたこと、六世紀前半の欽明天皇の時代には、秦氏や渡来系豪族の財力が、皇位継承にも大きな影響を及ぼしていたことが分かる。

その一方で、有力豪族や政権が、渡来人をうまく支配下に置いていた様子もみてとれるのだ。

日本語脳という仮説

古墳時代は中国では戦乱の時代で、分裂状態にあって朝鮮半島に対する中国の圧力は低まったから、朝鮮半島北部の騎馬民族の高句麗《こうくり》は、領土の拡大を画策し、南進策を取った。だから、朝鮮半島南部の国々はヤマト政権に援軍を要請し、ヤマト政権もこれに応えた。ただし六世紀になると、ヤマト政権の外交政策の失敗から、最大の同盟国であり朝鮮半島最南端の沿岸部の要衝・伽耶《かや》が滅亡してしまったのだ（六七二）。古い歴史の教科書には任那《みまな》と出てくる地域だ。当然、朝鮮半島からも、大量の難民が日本列島になだれ込んでいた。

ただ、くどいようだが、大量の渡来人は日本列島内部で主導権を握った形跡はないし、まして王朝交替を成功させた可能性も、きわめて低い。応神《おうじん》天皇五世の孫と記された越の継体天皇の登場も王朝交替ではなかったことは、のちに触れる。

三世紀後半から四世紀に完成したヤマトの統治システムのひとつ「前方後円墳体制」

が、六世紀末から七世紀初頭まで機能したことが、大きな証拠である。

とはいえ、弱い祭司王を担ぎ上げたゆるやかな連合体であるヤマト政権が、なぜ大量の渡来人に席巻されなかったのか、納得できない方も多いだろうし、戦後の史学者の多くは「古代日本は渡来系に征服された」「古代日本は常に中国や朝鮮半島の風下にいた」と推理していたので、なかなか理解してもらえないのが実情なのだ。

その一方で、まったく異なる視点から、「日本人の不思議な力」を説く学者も現れた。その中でも注目していただきたいのが、角田忠信の『日本語人の脳』(言叢社)だ。

日本人の母音の処理方式は世界の言語の中では異質で、日本人の精神構造と文化の差を生み出しているというのだ。幼少時から日本語を話していると、自然認知の枠組みが世界中の人びとと異質になるという。たとえば、虫の声を聞く脳が他民族とは左右逆転してしまうのだとか。

非日本人の場合、脳は「言語、論理」を扱う左半球と、「情動、自然界の音、機械音」を扱う右半球に分かれる。これに対し日本人は、左半球に優位なのは「言語、論理、感情音、自然界の音、邦楽器の音」で、右半球優位の音は「西洋楽器音、機械音」に限られるという。虫の音色を情緒あるものとして捉えるのは、日本語脳の特徴なのだ。

これはＤＮＡの問題ではなく、他民族でも、幼少時から日本語を話していると、日本人と同じ状態になるという。これは実験によって確かめられている（前掲書）。

つまり、日本語が、精神構造と文化に、影響を及ぼしていたのだ。角田忠信は日本語脳の特徴を①情緒性②自然性③非論理性と指摘した（前掲書）。

この仮説は、大きな意味を持っていると思う。おそらく、列島人（日本人）が今日に至るまで強い権力者の出現を望まず、多神教的発想を抱き続けてきたのも、日本語脳が大きな意味を持っていたのかもしれない。

日本語の原型は縄文中期に完成していたのではないかと考えられていて、弥生時代以降に渡来人がもたらした言語ではない。弥生時代から古墳時代にかけて大量の渡来人が日本列島に流入していても、彼らの子の世代になると、幼少時から日本語を話し、日本語が母国語になるのだから、行動は情緒性を帯び、大陸的な殺伐とした発想は鳴りをひそめたのだろう。

そもそも渡来人は、漢民族の作りあげた「文明と戦争の社会」を嫌って逃げてきた人びとなのだから、日本人社会とは、親和性が高かったはずなのだ。

崎谷満は、渡来人と日本文化の関係に関して、興味深い指摘をしている。古い仮説「二重構造モデル」に言及する場面で、二重構造モデルは負の遺産だと言い、弥生人や渡来人が先進の文物をもたらして日本の文化に重なり成長していったという発想に、異を唱えている。

二重構造モデルは文化的なものを何でも「弥生人」に由来させてしまう「弥生主義」、およびその源流である「長江文明絶対主義」の温床となりうる。その背景には、文化的なものはすべて中華文明に由来するという「中華文明絶対主義」、そしてその対である自己文化否定、「嫌日本主義」のようなネガティブな側面が含まれるようである（『新日本人の起源』勉誠出版）。

その通りだと思う。日本人の遺伝子は多様性を秘めているが、日本の文化の基層と民族の三つ子の魂は、縄文に求めるべきだと思う。

そこで次章では、神話を日本人の信仰の話をしていこうと思う。不思議な王＝天皇や、世界とは異質な日本人の正体を知るためにわれわれの心の中をのぞいておく必要がある。

第二章

神話の時代と日本人の信仰の原点

なぜ『日本書紀』神話の舞台は出雲と日向《ひむか》だけなのか

記紀神話は絵空事だろうか。神話は、ただのおとぎ話だろうか。少なくとも、神話には、稲作や機織《はたおり》の記事が載っている。これは、弥生時代以降の話で、しかも出雲の国譲り、天孫降臨神話、神武東征《じんむとうせい》と、ヤマト建国に至る道のりが示されている。記紀神話は、弥生時代後期から末期の日本列島の様子を説話化した可能性が高いのではあるまいか。

たとえば、出雲神話という好例がある。

かつて「山陰地方に出雲神話に見合うような巨大勢力は存在しなかった」と信じられていた。梅原猛が推理したように（『神々の流竄』集英社文庫）、出雲神話は軽視され、ヤマト政権にとっての邪悪な存在を、西の方角に追いやったのではないかとする説が有力視されていたのだ。

ところが、荒神谷《こうじんだに》遺跡（島根県出雲市斐川町）や加茂岩倉《かもいわくら》遺跡（島根県雲南市加茂町）から想定外の大量の青銅器がみつかって、さらに巨大な四隅突出型墳丘墓《よすみとつしゅつがたふんきゅうぼ》の存在もクローズアップされ、弥生時代後期の出雲に強い王が生まれ、富を蓄えていたことが分かってきた。しかも、ヤマト建国後、一気に出雲は衰退していたことも明らかになった。出雲はヤマト建国時の主導権争いに敗れていたのだ。したがって、出雲の国譲り神話も、すべてが創作ではなかった可能性は、いよいよ高まってきたのである。

ただし、『日本書紀』の神話の設定には、いくつかの謎が隠されている。

まず、神話の舞台は、「なぜ出雲（島根県東部）と日向（宮崎県と鹿児島県の一部）だけなのか」がある。

弥生時代後期からヤマト建国への考古学の知見が充実してくると、九州から関東に至る地域のそれぞれが、独自の動きをしていて、しかも、三世紀初頭のヤマトの纏向には、多くの地域から人びとが集まってきていたことも分かってきている。

ちなみに、纏向遺跡に流入した外来系の土器の割合は三割ほどだが、その内訳は、以下の通り。東海四九％、山陰・北陸一七％、河内《かわち》一〇％、吉備《きび》七％、関東五％、近江五％、西部瀬戸内三％、播磨三％、紀伊一％と、これまで軽視されてきた東側の実力が、明らかにされている。

また、ヤマト建国と言えば、北部九州の富と権力を得た強い王が東に向かって成立させせたとかつては信じられていたが、纏向に北部九州の土器はほとんど入っていない。

弥生時代後期にもっとも栄えたのは北部九州だから、ここに大きな謎が隠されているが、もうひとつの謎は、神話に登場する出雲と日向が、ヤマト建国の「主役ではなかった」ことである。

ヤマト建国の象徴である前方後円墳は、各地の埋葬文化が寄せ集められて成立したと考えられていて、出雲で発達した四隅突出型墳丘墓の「貼石《はりいし》」が前方後円墳の「葺石《ふきいし》」になったとみなされている。だからといって出雲だけがヤマトの埋葬文化に影響を与えたわけではないし、ヤマト建国に占めた地位は低く、むしろ脇役に近い。

ところが『日本書紀』は、出雲の国譲り神話を大々的に取り上げ、さらに神武東征後の黎明期の王家は「出雲神の娘を正妃に迎えいれた」と記録して、なぜか「神話の出雲の影響力」が、継承されていたと言っている。これはいったい、どういうことだろう。なぜ『日本書紀』は、出雲にこだわったのだろう。そしてなぜ『日本書紀』は、纏向に集まってきた「その他の地域」を無視し、神話に組みこまなかったのだろう。

『日本書紀』は三～四世紀の歴史を知っていた？

六世紀より前の『日本書紀』の記事は、あてにならないと多くの史学者は考える。たしかに、初代神武天皇から五世紀半ばまでの記事は、不確かでおとぎ話めいた話が続く。信憑性に欠けているのだ。五世紀後半の第二十一代雄略天皇ごろから、ようやく歴史らしくなっていく。当然、八世紀の『日本書紀』編纂者の元には、詳細で確実な資料が残っていなかったと信じられてきた。『日本書紀』が描いたヤマト建国の歴史など、不正確だという。

しかし、考古学が異を唱えはじめた。弥生時代後期からヤマト建国に至る経過の詳細を明らかにし、「『日本書紀』のいい加減と思われた記述の裏側に、多くの史実が隠されている可能性」が出てきたのだ。

たとえば、天上界の神々は出雲に国譲りを強要していたが、実際の出雲も似たような状況に追い込まれていた。

国譲り神話そのままの事件が出雲であったかどうかは分からないし、理由も分からないが、考古学的には、弥生時代後期の出雲は急速に発展し、ヤマト建国のあと、一気に没落していたことが分かっている。ということは、出雲の国譲り神話はまったくの創作ではなく、背景の歴史を、『日本書紀』編纂者は知っていたことを疑うべきなのだ。『日本書紀』は何かを隠している。ヤマト建国の歴史を知っていたからこそ、真相を闇に葬った可能性はないだろうか。

もうひとつ無視できないのは、神武東征説話だ。

そもそも、神武《じんむ》天皇の曾祖父のニニギ（天津彦彦火瓊瓊杵尊）が天上界から南部九州に舞い下りた（いわゆる天孫降臨神話）という設定も不可解だ。弥生時代後期にもっとも栄えていたのは北部九州で、南部九州は後塵を拝していた。なぜ皇祖神は、北部九州に舞い下りなかったのか。

さらに、初代神武天皇は東の方角に国の中心にふさわしい土地のあることを聞かされ、東征をはじめたが、一度生駒山《いこまやま》（大阪府と奈良県の県境）ではね返され、その後、何度も小競り合いと謀略戦と呪術をくり返して、ようやくヤマトに乗り込んだと『日本書紀』は言う。

この記述があるため、かつては九州から東に向けて強大な軍団が攻め寄せたと信じられていたし、騎馬民族日本征服説も、一世を風靡したわけだ。

邪馬台国北部九州論者は、天孫降臨の地は『日本書紀』の言うような南部九州ではなく、実際には北部九州で、天皇家の歴史を遠く、古く見せかけるために、神話はあえて南部九州を選んだのであり、また、北部九州から邪馬台国が東に移動したと、推理していた。纏向遺跡の詳細が明らかになる前は、この考えが主流だった。

ところが、実際の三世紀の人の流れは西から東ではなく、その逆だったこと、ヤマト勢力が北部九州に進出していたことが分かってきた。この点、『日本書紀』は設定を真逆にしているし、考古学はもうひとつ、『日本書紀』の神武東征とヤマト建国のウソに気づいている（『日本書紀』がヤマト建国の歴史を知っていれば、ということになるが）。

それは「不思議なヤマト建国」の話でもある。どういうことか、説明していこう。

北部九州の富と流通ルートが狙われた？

弥生時代後期からヤマト建国前後に至る日本列島では、朝鮮半島南部でとれる鉄を、いかに、誰が手に入れるか、その流通ルートの奪いあいが起きていた。

もっとも優勢だったのは北部九州で、漢（後漢）のお墨付きを得て鉄の流通を独占した。またこの一帯は朝鮮半島にもっとも近く、その海峡に壱岐《いき》や対馬《つしま》といった海人《あま》の止まり木が確保されていた。当然、北部九州は、富み栄えた。

富の集中が起きれば、周囲から妬まれ、奪いあいが起きるおそれがある。漢が衰退していったのも、北部九州には恐怖だっただろう。事実、次第に日本海をつたって東側に、鉄器は「漏れ」だしてしまった。兵庫県出石町《いずしちょう》（但馬《たじま》）から、大船団を描いた線刻画《せんこくが》が出土しているのは、じつに象徴的だ。山陰や日本海勢力も、次第に力を蓄え、朝鮮半島と交易をはじめていたのである。

こうなった段階で、北部九州が警戒したのは「東」だった。というのも、九州には地政学上のアキレス腱が隠されていたからだ。大分県日田《ひた》市の盆地を東側の勢力に奪われれば、筑後平野や沿岸部は、身動きが取れなくなる。

事実、三世紀のヤマト勢力は、纒向に集結した直後、日田盆地の北側の一等地に進出して政治と宗教に特化した環壕（あるいは環濠。どちらか明らかになっていない）集落を造りあげてしまっている。これが小迫辻原《おざこつじばる》遺跡で、纒向のミニチュア版が登場していたのだ。纒向に防禦用の環壕はなかったが、小迫辻原遺跡には、備わっていた。ヤマトの前線基地

四隅突出型墳丘墓・特殊器・銅矛・銅鐸の分布域

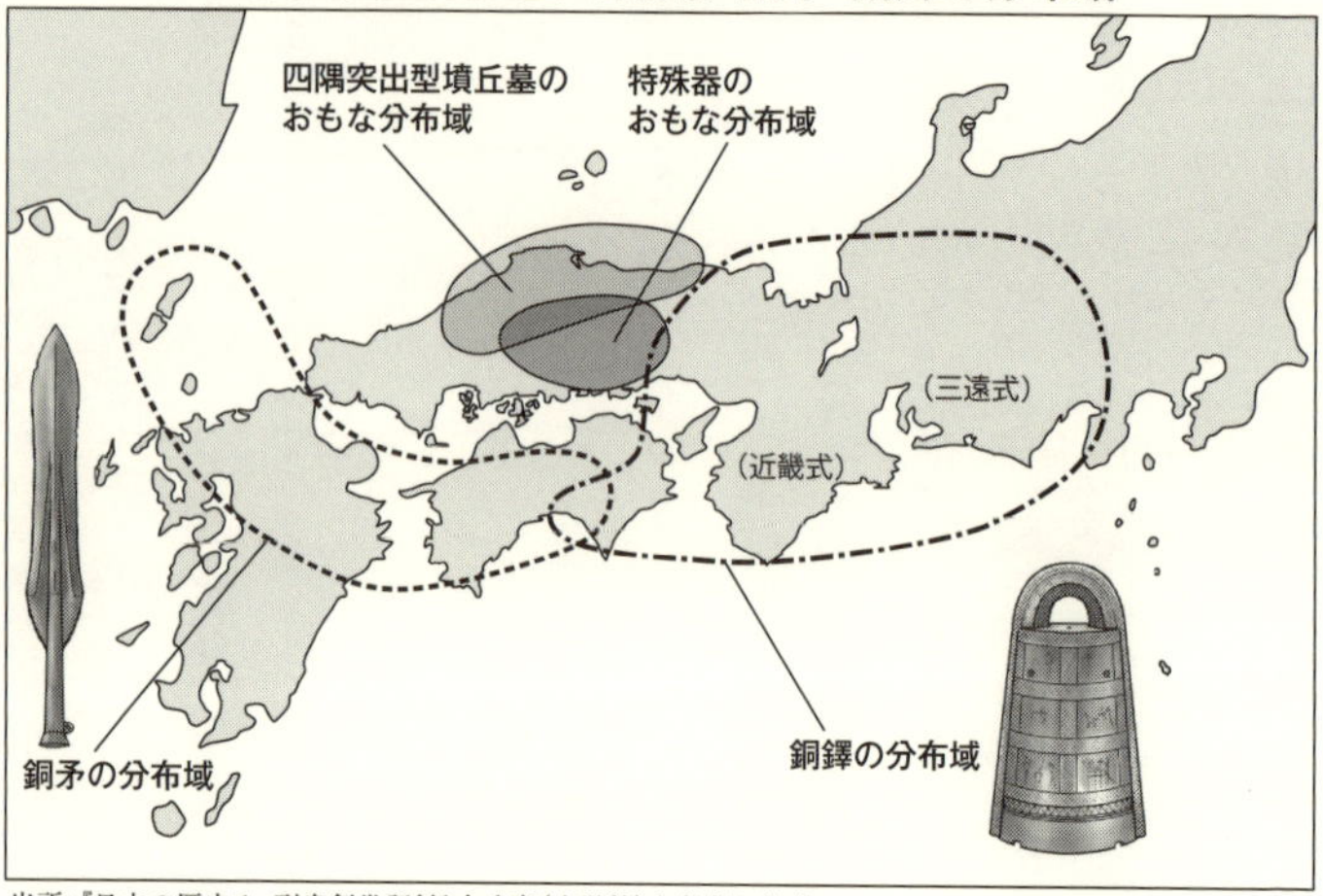

出所：『日本の歴史１　列島創世記』松木武彦（小学館）を参考に作成

と言って良いし、この時代の人びとは、衛星写真がないにもかかわらず、的確な地政学的知識を備えていたとしか思えないのである。

結局、ヤマト側の戦略が功を奏し、北部九州はヤマトに白旗を揚げるのだが、北部九州が恐れていた事態は、まさに現実のものになってしまったのだ。

とはいえ、北部九州勢力が、何も策をとらなかったわけではない。弥生時代後期に北部九州は出雲と手を組んだ。そのため出雲は富み栄え、強い王が現れ、四隅突出型墳丘墓を造営し、この埋葬文化を越（北陸）まで伝播させるようになった。瀬戸内海側の吉備も、この流れに乗った。

ではこの時、近畿地方から東側の地域は、

何をしていたのだろう。

近畿地方と東海地方は、銅鐸文化圏を形成していた。銅鐸は弥生時代の始まりと共に日本に伝わった「鈴《すず》」で、手のひらに収まるような小振りなものだったが、日本で次第に大きくなった。出雲の荒神谷遺跡でみつかった銅鐸はかなり大きく成長していたが、弥生時代後期の東の銅鐸文化圏では、一メートルを超える非実用品の化け物銅鐸が出現したのだ。

なぜ、近畿や東海では、巨大銅鐸を造ったのだろう。考古学者は「権力者の発生を嫌ったから」と考える。

北部九州では、青銅器は威信財として重宝され、銅矛《どうほこ》を強い王が独占し、墓に埋めた。これに対し、弥生時代後期の銅鐸文化圏では、巨大銅鐸をひとりの王が独占して墓に埋めるようなことはなかった。集落ごとの人びとが、集団で銅鐸を祀り、長、首長、王の私有物にさせなかった（持ち歩けなかった？）のである。

弥生時代後期の北部九州と近畿地方の差

じつは、纒向遺跡を構成する人びとの多くは、銅鐸文化圏の出身者だ。ここに、ヤマト建国をめぐる謎を解くヒントが隠されていたのである。

二世紀（弥生時代後期）の日本列島は混乱していた。中国の歴史書に「倭国大乱」と記録されている。日本の混乱は、後漢の衰退と三国時代の戦乱という中国の動乱に連鎖していたのだが、纒向では、防禦という観念を捨てたように、城壁（柵）も環壕も築かなかった。ちなみに、「魏志倭人伝《ぎしわじんでん》」に記された同時代の邪馬台国には、楼観《ろうかん》（物見台）や城柵《じょうさく》が備わっていたと記録している。この記事ひとつとっても、邪馬台国と纒向は、異質だったことが分かる。邪馬台国は戦う都で、纒向は戦わない都である。

それにしても、倭国大乱の時代の直後、なぜ纒向遺跡は「平和ボケ（悪く言えば）」してしまったのだろう。それは、銅鐸文化圏の目指していたものだったからなのか。

無視できないのは、鉄器の争奪戦が起きている日本列島で、ヤマトを中心とする近畿地方南部は、鉄器の過疎地帯だったことだ。この事実を考古学者や史学者たちはなかなか認めようとしなかったいきさつがある。その根拠は、「所持していた鉄を威信財として墓に埋めてしまったので、錆びて腐ってなくなってしまったのだろう」と考えた。日本列島は酸性土壌だから、すぐに消えてしまうのは確かなことだ。

しかしこれは、ヤマトや近畿地方南部だけ鉄が極端に少ないという事実の説明にはなっていない。

近年、考古学者はこの事実を素直に受けとめ、新たな発想で発信をはじめている。たとえば設楽博己は、弥生時代後期の近畿地方と北部九州を比較して、次のように述べている。

まず、北部九州の「生産手段」の利用の仕方は平野ごとの自己完結型であるのに対し、近畿地方では、拠点集落を結んだネットワークを重視して独占しなかったと言い、「ネットワーク型の畿内地方では、縄文時代の互恵的な社会関係がまだ強く働いており、首長の突出度を強める契機がおさえられていた」（『縄文社会と弥生社会』敬文舎）という。かつてない興味深い視点といえる。

寺前直人は、研究者の発想そのものを、まず批判する。これまでは、弥生時代以降の議論の中で、水田や金属器と権力生成の三要素を重視し、その要素が早く揃った場所を先進地とみなし、それ以外を分け、先進地こそ邪馬台国であり、ヤマト建国の地で、天皇制など、政治的、文化的中心とみなしていたという（これが常識的だった）。

そしてこのような考え方について、次のように述べる。

「誇るべき」創国「物語」の舞台へと「発展」していくという世界観がある（『文明に抗した弥生の人びと』吉川弘文館）。

野蛮から文明へ、という直線的に人類は発展し成長するという考え方に対して疑念を抱いたわけだ。敗戦から一九九〇年代前半に至るまで続いた「明日は今日より豊かになる」という発展神話への信頼が、弥生時代にも当てはめられてしまったという。

その上で、近年歴史の教科書から旧石器、縄文時代の記述がなくなり、弥生時代の米作りから話が始まるようになったのも、このような「創世神話」的発想があったからだと指摘した。これも、これまでになかった新しい発想だと思うし、大いに賛同する。

さらに寺前直人は、玄界灘《げんかいなだ》沿岸地帯の人びとが、早い段階で稲作を受け入れたため、縄文的な東日本系の祭祀に用いる石棒《せきぼう》や土偶は使わなくなったが、一方で外来系の儀礼の道具である卜骨《ぼっこつ》や鳥形木製品《とりがたもくせいひん》も少なく、その理由を、松木武彦の唱えた仮説（『日本の歴史一　旧石器・縄文・弥生・古墳時代　列島創世記』小学館）を用いて、次のように説明する。北部九州地域が中国大陸で生まれた文明の影響を受け、武器や戦いを重視し、周囲を支配し力を誇示することで秩序を維持し、生活の場にも強い防禦性を持たせたというのである。

つまり、実利的な道具を求めたが、儀礼に用いる道具は軽視したということになる。

その上で寺前直人は、西日本には地域によっておおよそ二つの戦略があって、①武威を中心とする階層化、統合体制の北部九州地域と、②石棒などの儀礼を介して平等な協業体制を好んだ近畿地方で、後者は縄文時代後・晩期に発達した東日本起源の祖霊信仰を守り続けたと結論づけた。

さらに寺前直人は、弥生時代中期の段階でも、近畿地方南部では、東日本で発達した祖霊祭祀を軸にした「平準な社会」を目指し、「一時的とはいえ近畿地方南部を中心とした列島中央部の人びとは、大陸・半島からもたらされた魅力的な文明的価値体系に抗することに成功した」（前掲書）と語っている。

無視できない推論で、弥生時代後期の近畿地方南部が鉄の過疎地帯だったことも、これで納得できるはずだ。

文明に対する暗い予感

弥生時代の日本列島では、中国文明をいち早く受けとめた北部九州地域と、文明に抵抗する地域に、分かれていた時期があったのである。

稲作が北部九州に伝わってから、関東地方に本格的な水田稲作が伝わるのに数百年かかることも無視できない。この間、各地でレジスタンスが起きていた可能性が高い。奈良県橿原市の橿原遺跡には、東北で盛行した土偶が造られていて、文明（稲作）をはね返す呪術が執り行われていたのではないかと疑われている。また、奈良盆地は、西に突き出た東ではないかと考えられるようになってきた。弥生（文明）に抵抗する縄文と言い換えても良い。

これは、かつての「成長神話」を奉じていた史学者にとっては信じがたい推理かもしれない。しかし、文明や進歩に対する懐疑が頭をもたげてきた現代には、むしろ理解しやすい仮説なのである。

弥生人だけが悩んでいたわけではなく、すでに縄文時代から弥生時代への切り替わりの際、列島人は苦悩していた可能性は高い。弥生時代に至り、たびたび縄文文化の揺り戻しが起きていたのも、このあたりの事情と深くかかわっていたのだろうし、縄文文化は、日本民族の心の奥に沈殿し、現代日本にも影響を及ぼしているほどなのだ。

縄文人たちの発想はただの懐古主義ではなく、「農耕や文明を受け入れれば、やがて戦争が起き、地獄に落ちる」ことを、縄文人たちは本能で予見し、そして中国や朝鮮半島からもたらされる情報に接し、あるいは北部九州で起きている社会変革を知るにつけ、予感が間違っていないことを、確認しあっていたのではなかったか。「一歩踏み込んでしまえば、後戻りはできない」と、震え上がっていたのだろう。

ただし、「踏み出さなければ文明人に蹂躙されてしまう」という葛藤と苦悩に、列島人は苛まれ続けたのではなかったか。

先述の設楽博己は、縄文時代と弥生時代を境目にして分かれる二つの時代について、次のように指摘している。

いわゆる文明社会への大転換と、それによって現代に通じる諸矛盾を一手に引き受けるようになったのが、縄文時代と弥生時代の大きな差であろう（前掲書）。

正鵠を射た考えだ。

文明に抗い、平等志向だった地域の人びとがヤマトに集まって、武威と鉄器の威力で他を圧倒する北部九州に対抗した意味も、ここに来ると納得できてくるのである。

日本人には不変の核（コア）がある？

長い日本の歴史を俯瞰すれば、いつも平和だったわけではない。戦乱が頻繁に起きていたし、殺し合いの歴史を学べば、「文明に抗った列島人」というフレーズは、陳腐に思えるかもしれない。しかしその一方で、古墳時代、平安時代、江戸時代と、それぞれ約三百年、平和の時代（平安時代は民衆が搾取され続けた暗黒の時代だが）が続いたことも確かだ。

ヤマト建国も、世界史の中で、珍奇なできごとだったではないか。強い権力と文明を嫌った銅鐸文化圏の人びとがヤマトに集まり、あわてて吉備や出雲の人びとがヤマトに駆けつけたのだ（次章でもう一度詳細を語る）。強い王が周囲を圧倒してヤマトが生まれたわけではないことは確かなのだ。

さらに、『旧約聖書』のヤハウェのように、神が復讐を誓うようなことがなかった。一神教的な発想は芽生えなかったのだ。南北朝や応仁の乱、戦国時代を経ても、復讐のための宗教は生まれなかった。ここに、日本史の大きな謎が隠されている。

そこで、縄文人の苦悩やヤマト建国の不思議、さらには権力を持たないヤマトの王（天皇）の正体を知るためにも、日本人の信仰について、考えておきたい。

さて、現代日本人は、みな無宗教で、信仰とは無縁と考える人が多い。科学的で合理的な判断と知識を優先し、進歩や人間の理性に疑念を持たない。

その一方で、世界中の人びとから見ると、日本人は「何か信仰のようなもの」にこだわっているように見えるらしい。

ウーズラ・J・リットンは、キリスト教と日本人の信仰を比較していて、キリスト教世界では、神（男神）ひとりがこの世界を造ったと教えていること、また神は別の場所にいると考える。このような抽象的な志向の傾向が残っていて、人びとは自然から離れて成長したと指摘する。そして「この考えは、今日の我々の重要な問題として持ち上がっている生態系とか社会的なものを含む問題の解決を阻害しています」と述べる。さらに、日本人には不変の核（コア）があって、それは頑なに守られているという。そしてこのような日本の発想はキリスト教世界の限界を感じている西欧人の具体的な指針になりうるというのだ（『出羽三山と日本人の精神文化』松田義幸編〈ぺりかん社〉）。

しかし、これは本当だろうか。日本人は仏寺で葬式を行ない、地鎮祭や交通安全のお祓いを神社で、結婚式を教会で行なう。信仰に節操がない。不変の核があるとは、到底思えないのである。

神道と仏教が日本人の信仰の大きな柱だが、二つの信仰は、奈良時代の後半から、習合していった。古い時代から、日本人は信仰の枠に囚われることがなかったのである。

『日本書紀』に描かれた聖徳太子誕生説話も奇妙だ。「聖徳太子の母が臨月で、宮を巡っていたとき馬屋の戸にあたって難なく出産した」とあり、これは景教《けいきょう》の影響を受けたとされている。景教は、中国に伝わっていたキリスト教の一派だ（異端だが）。

それだけではない。卑弥呼の時代から、すでに日本には道教が伝わっていたようだ。「魏志倭人伝」には、二世紀から三世紀の邪馬台国の卑弥呼が「鬼道《きどう》」を駆使して人びとを惑わしていたと記録されていて、これは道教的な呪術だった可能性が高い。

天皇家も道教と無縁ではない。『日本書紀』推古十年（六〇二）冬十月条に、百済《くだら》の僧が暦本《れきほん》と天文《てんぶん》と地理の書をもたらし、さらに遁甲《とんこう》と方術《ほうじゅつ》の書を貢上したとある。ここにある遁甲は、術数《じゅつすう》の一種で、要は占いだ。方術は、方士《ほうし》（道士《どうし》）の不老不死や医薬、卜筮《ぼくぜい》にまつわるわざで、道教に通じている。天武天皇即位前紀（七世紀後半）にも、「天文・遁《とん》甲《こう》を能《よ》くしたまふ」とある。

古代の天皇と言えば、すぐに神道を思い浮かべてしまうが、それだけではなかったことが分かる。

吉野裕子は「古代日本は中国哲学の陰陽五行をその指導原理とする呪術世界である」と断言している（『持統天皇』人文書院）。また、天皇にとってもっとも大きく大切な祭りである大嘗祭《だいじようさい》（新嘗祭《しんじようさい》）も、陰陽五行の思想で貫かれていると指摘したのである（『大嘗祭』弘文堂）。

まだある。『日本書紀』継体七年（五一三）七月条に、百済から五経《ごきよう》博士が貢上されたと記録されている。五経は儒家《じゆか》の経典であり、欽明十四年（五五三）六月条には、易博《えきはか》士《せ》、暦博士《れきはかせ》の記事が載り、百済からこの時代に貢上されていたことが分かる。

中国のありとあらゆる呪術やら思想が古代日本の支配者の関心事になっていたことがはっきりとする。

こうやって見てくると、すでに古代の段階で、あらゆる信仰と宗教観を取り入れていたことがはっきりする。ならば、本当に日本人には、核（コア）となる確固たる信仰が存在したのだろうか。そして信仰とは関わりがないと信じている現代人なのに、なぜ、海外から「頑なな信仰を守っている」と、指摘されるのだろう。

多神教と一神教の差

人類の信仰の原点は、自然崇拝であり、アニミズムだった。

すべてのモノ（物質）には精霊や神が宿ると信じた。分かりやすくたとえると、無機質な電球には目に見えない電気が通ると輝く（命を宿す）ように、モノにも目に見えない精霊が宿って命が吹き込まれるという発想だ。

そして精霊が擬人化されて、神という観念が生まれる。多神教の誕生だ。

また、多神教はアニミズムの延長だが、日本人は、磐座やモノ（物質）そのものを神とみなした。古い神社の境内の岩に注連縄が張られ（磐座）、祀られているのは、そのためだ。大木に注連縄が張られ「御神木」「御神体」と崇められるのも、樹木に神が舞い下りると信じていたからだ。

さらに、多神教徒にとって、神は大自然そのものだ。台風や火山の噴火、雷や地震、疫病、異常気象、ありとあらゆる現象は神の仕業で、神は人間に災いをもたらす厄介な存在だが、丁重に祀れば、幸《さち》をもたらす神に変身する。大自然の前に、人間は無力と考えた。多神教徒には、「諦念」があったのだ。

そして、神は大自然そのものだから、神の本質は恐ろしい鬼なのだ。そこで神は鬼にもなる。「鬼」と書いて「モノ」と呼んだ。そして「モノ（鬼）」を祀り、恵みをもたらす「神」が登場することを願ったのだ。要するに、多神教の神には表と裏の二面性があった。

そして、多神教徒にとって神は身近な存在だった。なんとなれば、自身の肉体にも、精霊、魂が宿っているからだ。魂が抜ければ、人は死ぬ。

ならば、一神教とは何か。

一神教の信者たちは、多神教世界から脱却したと説き、進歩して一神教が生まれたと信じている。多神教世界の人びとは現世利益を求め、野蛮なまじないの世界に埋没していると考える。

ならば、一神教はどのような信仰なのだろう。『旧約聖書』を参考に、その信仰形態を探ってみよう。

『旧約聖書』はこの世界を、唯一絶対の神が創造したという。生きとし生けるもの、宇宙すべてを、神が創造したと説く。

そして、神に似せて人間を造った。それが、アダム（男性）である。イヴ（女性）は、アダムの肋骨から造られたという。女性は、男性の骨と肉であり、男性から取られたという（『旧約聖書』）。これは男尊女卑の発想でもある。

『旧約聖書』には、神の興味深い言葉が載っている。

「われらの像に、われらに似せて、人を造ろう。そしてこれに海の魚、空の鳥、家畜、すべての野（獣）と、地を這うすべてのものとを従わせよう」『世界の名著12　聖書』責任編集／前田護郎（中央公論社）

人（男性）は神を模して造られたから、人はすべての生命と大地と、世界の支配者になれと、『旧約聖書』は説く。多神教は大自然の前には無力だとかしこまるから、正反対の世界観であり、神がひとりなのか多数なのかの差で二つの信仰を語ることはできない。

神が復讐を宣言したり

古代史のみならず、日本人の正体を知る上で、多神教と一神教のちがいを知ることはとても重要なので一神教の本質にまつわる私見を、長くなるが説明しておきたい。

さて、なぜアニミズムや多神教的発想が捨てられ、一神教が誕生したのだろう。それは、一神教徒が言うような進歩だったのだろうか。多神教的発想は、本当に迷信に満ちた野蛮な信仰なのだろうか。

一神教は砂漠で生まれた。ヤハウェ神（ユダヤ教の神。唯一絶対の神）が地と天を造ったとき、地上には灌木はなく、草も生えていなかったという。それは、ヤハウェが雨を降らせず、土地を耕す者もいなかったからだという。

これは一神教が砂漠で生まれたことを示しているが、考古学的にも確かめられている。ヘブライ人（イスラエルの民）が新しい宗教を編み出した当時、西アジアの北隣三五度以南が乾燥していたことが分かっている。ナイル川の水位は下がり、インダス川の周辺も乾燥していた。その乾燥地帯をさまよっていたのが、ヘブライ人だった。

なぜ砂漠で一神教が生まれたのだろう。ヘブライ人が、夜空を見上げて、無数の星の中でひとつだけ動かない星（北極星）を見つけ、それを、唯一絶対の神に見立てたのではないかと考えられてきた。しかし、それほど牧歌的な話ではない。

砂漠は生き物を寄せ付けない。死と向かい合わせの厳しい環境だ。誰が好き好んで、砂漠で暮らすだろう。

砂漠は、文明のなれの果てだが、そこで暮らすのは「周辺の豊穣の大地から追い出された者」であり、砂漠の民は、追い出した者を恨み、呪う。だから、復讐の正当性を作りあげた。それが、敗れた民族の唯一絶対の神であった。

一神教は、多神教から「進歩」したのではなく、独善を正義と言い換えるための方便を練りあげたにすぎない。

「イザヤ書三十四章二節」と「イザヤ書三十四章八節」に、次の一節がある。（『旧約聖書Ⅶ　イザヤ書』旧約聖書翻訳委員会訳〈岩波書店〉）

まことにヤハウェには、総ての国に対する怒《いか》りが、
総ての軍勢《ぐんぜい》に対する憤《いきどお》りが、ある。

彼［ヤハウェ］は彼らを絶滅《ぜつめつ》し、彼らを殺戮《さつりく》にまかせた。（三四―二）

まことに、ヤハウェにとって復讐《ふくしゅう》の日、
シオンの訴《うった》えのために仇《あだ》を返《かえ》す年［が来る］。（三四―八）

ヤハウェは、復讐する神なのである。一神教の神は、復讐するために編み出されたことが、これでよく分かる。一神教を生み出したのは、「文明」と「砂漠（文明の衰頽）」と「戦争」と「憎悪」にほかならない。

一神教は、復讐するだけでは収まらなかった。キリスト教はユダヤ教から派生したが、「復讐する神」の姿をオブラートにくるんだ。「目には目を、歯には歯を」ではなく、「頬をぶたれたら逆の頬を出せ」と、言い含めた。いかにも平和の宗教だ。しかし、これには裏がある。異教徒を敵視したし、多神教徒を見下した。

たとえば帝国主義は、「クリスチャンには多神教の野蛮人たちを啓蒙し、キリスト教に改宗させる義務がある」という大義名分の元に布教し、版図を広げていった。要は、植民地であり、戦国時代の豊臣秀吉や徳川家康は、布教活動の背後に征服欲を見出し、警戒した。

キリスト教は、「唯一の神のお墨付きを得た正義」を振りかざして、「多神教徒の野蛮人」を使役し殺してきたし、土地を貪欲に奪った。「頬をぶたれたら逆の頬を出せ」は、欺瞞である。特に、肌の色の違う異教徒は、人間扱いされなかった。ちなみに、近代の日本人も同じ扱いを受けた。会田雄次の『アーロン収容所』（中公新書）を読めば分かる。

キリスト教から派生した科学や哲学

一神教徒は正義を掲げて異民族と異教徒を威圧するが、彼らは神の子と信じているから、彼らの発想が常に正しいという信念をもって独自のルールを構築する。それを世界に向かって「従え」と強要する。多神教徒たちは、それまでの習慣や文化、伝統のままに暮らしたいと思うが、「野蛮な風習」とレッテルを貼られ、一神教徒の掲げた正義とルールに引っ張られていく。

「日本人は遅れている」とたびたび世界から指摘され、日本人の中にも、「だから日本は」と、なじる者が出てくる。だがそれは、日本がルールメーカーではないということ、一神教世界が世界をリードしてきたから、彼らの独善のあとを追って歩いているにすぎないということなのだ。

一神教世界の定めた新たなルールに後れをとることは当たり前なのだ。問題は、本当に一神教の掲げる正義に追従したままで良いのか、ということである。

だから、「普遍性」と政治家や学者が唱えはじめたら、警戒する必要がある。世界に溢れる「普遍性」とは、往々にして、一神教の論理で貫かれているからだ。

その点、科学や哲学も、じつに胡散臭い。素直に信じてはならない。

科学や哲学は、キリスト教のなれの果てでもある。

敬虔なクリスチャンたちは、

「これだけ真面目に神を崇め、祈りを捧げているのに、なぜ災難や不幸な目に遭わされるのだ」

と悩んだ。そして、「これには何か、法則があるに違いない」と考え、仮説を立て実験をし、自然の中に何かしらの原理や法則が隠されているのではないかと、考えた。この結果、十六世紀から十七世紀にかけて、自然科学が花開いた。さらに、その後、哲学や共産主義が生まれた。

人間は神の子であり、人間の理性や智恵は神の教えそのままと、考えた。その結果、文明はさらに発展したのだった。

ただし、それが人類にとって幸せなことだったのかどうか、よく分からない。たとえば、人間の創作した理想的な統治システムもあるはずだという発想が、共産主義や社会主義を生んだ。そして、正義と理想を実現するには人を殺してもよい（革命思想）と、声高に唱えられたのだ。

それだけではない。時計が発明されると、「世界は機械にたとえて説明できるのではないか」と、発想が浮かんだのだ。たとえばイギリスの哲学者フランシス・ベーコン（一五六一〜一六二六）は、科学は魔術的自然観を克服すると考えた。自然のすべてを「幾何学の延長」として数学的合理性を当てはめれば、大自然も支配できると考えた。発見や発明によって人間を自然の奴隷状態から解放すると説いたのだ（機械論的自然像）。

フランスの哲学者ルネ・デカルト（一五九六〜一六五〇）も、『方法序説』の中で科学万能を謳い、自然を機械に見立て、人間の理性が自然を支配できると豪語している。

デカルトは、動物たちは機械と同じで理性はないという。首を切られた動物がしばらく動くのは、機械的に動いているにすぎないとも言う。一方、人間には神から与えられた理性的魂が備わっていて、だからこそ、機械である自然界を支配し改造できると考えた。

明治維新以降、西洋文明に憧れてきた日本人でも、『旧約聖書』の神自身が「私は復讐する」と述べる一節や、動物や自然界は機械にすぎず、「人間だけが魂と智恵と理性を持っている」とするキリスト教から派生した科学の言葉を聞くと、違和感を覚えるのではあるまいか。

一神教の神と人間の理性

『旧約聖書』の中で、食べてはいけない木の実をイヴは蛇に惑わされて食べ、夫のアダムにも分けた。するとヤハウェは怒り、イヴに向かい、次のように語った。
「おまえの苦しみと渇《かわ》きをぐんとひどくしよう。おまえは苦しんで子を産むのだ。しかもおまえは夫を渇き求め、彼はおまえを従えるのだ」(『世界の名著12　聖書』責任編集／前田護郎〈中央公論社〉)
『旧約聖書』は、神が男性を生み落としたという。男性は神の子で理性を持つ。これに対し女性は男性の肉体から生まれ、男性を誘惑する淫乱で男性に支配される存在であり、その罰として出産の苦しみを味わうというのである。目を疑いたくなるような内容ではないか。

これは余談だが、ローマ帝国がキリスト教を国教にしてヨーロッパ中に信仰を強要していった際、多神教社会だった地域の人びとは、抵抗し、反感を示したため、本来教えの中にはなかった多神教的で地母神《ちぼしん》的な「マリア様」を創作し、多神教世界の住民に馴染みやすくしつらえていった。キリスト教はユダヤ教の教義をオブラートに包むことに成功しているが、その本質は、やはり似ている。一神教であることに変わりはない。

信じがたいことかもしれないが、戦後すぐまで、キリスト教世界では、女性の地位は低かったのである。一九六〇年代後半から一九七〇年代前半に起きた「ウーマン・リブ(Women's liberation movement　女性解放運動)」は、その反動だった。

多神教世界では、「性(性行為)」に対しておおらかだし、性に罪の意識はない。女性の地位も高い。神話の中でイザナキとイザナミは、おおらかに結ばれている。飛鳥坐《あすかにいます》神社(奈良県高市郡明日香村)では、日本三大奇祭のひとつ「おんだ祭り」が行なわれ、天狗とオカメの面を被ったふたりが、性行為の真似事をして、喝采を浴びる。そこに、罪の意識はまったくない。

一神教の神は、人間が編み出した偶像であり、その偶像から「お墨付きをもらった」と正当化しているのだ。とすれば、「人間の理性」は、一種の狂気ではあるまいか。
心理学者で精神分析学者の岸田秀は、次のように述べる。

理性にもとづく秩序を打ち立てようとした近代国家がなぜ逆にますます無秩序をもたらしたのか。それは理性というものが人間のごく狭い一面しか表しておらず、したがって理性を規準にすれば、この規準に合わない多くの要素を排除しなければならず、排除された多くの要素がいつかは反乱を起こすからである（『二十世紀を精神分析する』文藝春秋）。

また岸田秀は、近代西欧人が呼ぶ「理性」とは、キリスト教の神の後釜だという。まさにその通りだと思う。
人間の理性の優位性を述べるデカルトも、神と人間の関係を前提に話を進めている。またフリードリヒ・ニーチェ（一八四四〜一九〇〇）は、「神は死んだ」と宣言し、神の代わりに人間の理性が、この世を変えていくと信じたのだ。それは、「人が作りあげた神」の考えを、人間の理性に置き換えただけだったわけだ。

近代日本の過ち

砂漠の民は唯一絶対の神を創作した。これに対し森の民である列島人は、神話の中の神・スサノヲに「森を守ろう」と宣言させている。さらに、聖武天皇は東大寺造立の詔の中で、「人間だけでなく、生きとし生けるものすべて、動物も植物も、共に栄える世を造ろう」と、語りかけている。この、一神教と多神教の発想の違いは、すこぶる大きい。

このまま一神教的発想を継続していけば、人類の未来はないと思う。ウーズラ・J・リットンが語っていた日本の信仰形態がヨーロッパ人の指針になるかもしれないという指摘は、あながち見当はずれではないと思うし（夜郎自大になっているわけではない）、すでに近代のある段階で、西洋人は「このままで良いのか」と、気づきはじめていたのだ。近代ヨーロッパは、すでに行き詰まっていたのである。

滑稽なことだが、一神教と文明の「限界」に先に気づいたのは西洋社会だと思う。

福田恆存は、『現代日本思想大系32　反近代の思想』（筑摩書房）の中で、次のように述べている。

日本の近代主義は、歪んだ過去の因襲や社会の不合理と戦うことを旗じるしにし、ヨーロッパの近代をその模範として美化し、絶対化してきた。文学、思想、社会問題の各分野にみられた明治以来のこの浪漫《ローマン》的革新思潮は、未来を美化していたからといって、かならずしも真に未来へ前向きの姿勢をとっていたとはいえない。（中略）過去を批判し、否定していただけだった。

近代日本人は、捨ててはいけない古い日本人の長所を、一神教や西洋文明の物差しを単純に当てはめ、無残にも消し去ろうとしたわけだ。すでに西洋では、近代の限界に困惑していたというのに……。

明治政府が断行した廃仏毀釈《はいぶつきしゃく》も、神道と仏教が融合した奈良時代以来の信仰形態の否定だった。各地の仏寺は荒れ、貴重な仏像がゴミになった。それを止めにかかったのが、お雇い外国人のフェノロサや岡倉覚三（天心）であった。

岡倉覚三の名著に『茶の本』（岩波文庫）がある。岡倉覚三もまた、縄文時代から継承された三つ子の魂を胸に秘めていた。

一般の西洋人は、茶の湯を見て、東洋の珍奇、稚気をなしている千百の奇癖のまたの例に過ぎないと思って、袖《そで》の下で笑っているであろう。西洋人は、日本が平和な文芸にふけっていた間は、野蛮国と見なしていたものである。しかるに満州の戦場に大々的殺戮《さつりく》を行ない始めてから文明国と呼んでいる。

この岡倉覚三の言葉は、日本人の心の奥底に沈殿している「文明への懐疑」を、見事に表現しているように思えてならない。文明や進歩は、いったい人類に何をもたらしたというのだろう。

もはや後戻りできないところに人間は来てしまった。しかし、このまま呑気に進んでよいわけではない。

なぜ日本人は仏教を取り込んでいったのか

この章の最後に、なぜ日本人は神道だけでは物足りず、仏教を取り込んだのか、しかも神道と仏教を重ねてしまった（神仏習合）のは、どのような理屈なのか、説明しておこうと思う。

まず、原始神道の原理は、万物に精霊や神は宿るという信仰から始まった。神（鬼）は大自然そのもので、人びとに災いをもたらし、敬い丁重に祀れば、恵みをもたらす神に変身するということだ。

この発想の中で大切なのは、人びとが農耕や文明の社会には身を置かず、縄文的で狩猟採集の世界の住民だったことだ。互いに縄張りを侵さず、組織的な戦争は起きなかったし、「国」や「強い権力」は成立しなかった。ところが、列島人はいつしか農耕や稲作を選択し、文明化していった。こうして争いが起き、人びとは集団で傷つけあい、権力者が生まれ、政争が勃発した。人びとは罪を犯し、呪い、呪われ、おののき、救済を求めた。

ここで、人びとは気づいたのだろう。神道は、人を傷つけることを前提としていない。ただひたすら、大自然の猛威の前に跪き、神を祀ればそれで済んだのだ。ところが、農耕と文明を手に入れた列島人は、人を傷つけ、傷つけられ、復讐し、復讐され、祟り、祟られるようになった。この苦悩に満ちた日々に対する解決策を、神道は提示してくれない。人生の苦しみから救済する術を、神道は持っていなかったのだ。

たまたまヤマト政権内で主導権争いが激化した六世紀から七世紀にかけて、隋や唐で仏教が盛んになり、日本にも朝鮮半島経由で伝わってきた。最初は政治的な意味が大きかった。庶民の信仰ではなく、権力者がまず、仏教に興味を示した。

天皇家も戸惑ったが、蘇我氏は積極的に信仰を受け入れ、次第に天皇も帰依するようになった。そして聖武天皇は、東大寺を建立し、神仏習合が始まったのである。

幸いにも、仏教は多くの仏様が存在し、多神教的要素が強く、日本人には馴染みやすかったのだ。

また、日本人の信仰は仏教に取り込まれてしまったと考えられてきたが、近年では、逆に神道が仏教を呑み込んでしまったと考えられるようになった。要は多神教的な発想を、列島人は捨てられなかったのだろう。縄文から続く三つ子の魂は不変だったわけだ。

ちなみに、桓武《かんむ》天皇は「反聖武派（反蘇我派、親藤原派でもある）」で、東大寺を中心とする奈良仏教を、とことん嫌った。だから、長岡京（京都府向日市、長岡京市、京都市にまたがる）遷都に際し、新京に仏寺を建てる予定はなかったのだ。ところが、直後の平安京には、仏寺が建てられた。これには、理由がある。

長岡京造営時、桓武天皇はじつの弟で皇太子の早良《さわら》親王が邪魔で殺してしまい、猛烈な祟りに悩まされたのだ。早良親王は東大寺のトップクラスの僧だった。桓武天皇には、大衆に寄り添い制度疲労を起こしていた律令に抗う東大寺の「運動」が、疎ましかったのだろう。しかし、祟りを封じこめるための仏教が必要になり、さらに仏教を国家権力の監視下に入れようという目論見があったと思う。

一方、東大寺に始まった神仏習合の仏教は民衆に強く支持され、また反権力の道を突き進む流れも生まれ、里を離れ、山の宗教に化けていった。その完成形は修験道で、修験者たちはありとあらゆる信仰を取り込んで、たくましく生き残っていく。

じつは、縄文時代から継承された列島人の民衆レベルの信仰は、修験道が守ったとも考えられている（五来重『修験道入門』ちくま学芸文庫）。修験道が権力者にとって厄介な存在となっていったのだ。

また、明治維新で廃仏毀釈が行なわれ、神道と仏教が分解されたが、これは単純に「神道を純粋な教義に戻し、外来系の仏教を排除する」のが目的ではなく、修験道潰しをしたかったからなのだ。

第三章

古墳時代の始まりと王家の謎

ヤマト建国と古墳時代の始まり

ヤマト建国とヤマトの王の話をしよう。不思議なヤマト創成の物語だ。三世紀半ばから四世紀にかけて、ヤマトは建国された。古墳時代の始まりでもある。纒向遺跡（奈良県桜井市）に造られた箸墓《はしはか》（箸中山古墳《はしなかやま》）が、そのシンボルと言われている。また、箸墓には邪馬台国の卑弥呼が眠っているのではないかと、邪馬台国畿内論者は推理する。

纒向遺跡に人びとが集まってきたのは三世紀初頭のことで、纒向型の前方後円墳はこのころ造られたが、それは初期型で、埋葬様式は箸墓が造られたころ、ほぼ確定した。これが「完型化した前方後円墳」だ。この前方後円墳が各地に伝播したため、箸墓がヤマト建国のシンボルと考えられた。

ならば、いつごろ箸墓は造られたのだろう。炭素14年代法を用いて計ったところ、もっとも古く見積もれば三世紀半ばで、卑弥呼の死の年代と合致する。だから邪馬台国畿内論者は卑弥呼の墓と考える。ただし、炭素14年代法の誤差を考えると、四世紀に造営された可能性もあるので、箸墓の造営とヤマト建国の絶対年代は、まだはっきりと分かっていないのが本当のところだ。邪馬台国畿内論者の決めつけは、無視してよいと思う。ヤマト建国は、二世紀後半の倭国大乱からの脱却を東側の勢力が目指したものだと思う。あるいは、北部九州が独占していた朝鮮半島との鉄器の流通ルートを開放する活動でもあっただろう。

かつては強い北部九州の王がヤマトに乗り込んでヤマトが誕生したと考えられていたが、纏向遺跡にいくつもの地域の人びとが集まってきて、ゆるやかにつながる政権が誕生したし、すでに触れたように、纏向遺跡は防禦という点でじつに脆弱だった。

ただし、ヤマト建国前後に主導権争いは勃発していたようで、周囲から集まってみたものの、誰が王に立つか、きわめて流動的な「政局」が展開されたに違いない。

ちなみに「魏志倭人伝」には、二世紀半ば、卑弥呼亡きあと男王が立つも、みな服さず、千余人が死んだため、卑弥呼の宗女《そうじょ》（一族の女性）台与《とよ》（壱与《いよ》）を立てて、平和が取り戻されたという。これが纏向で起きていたのか、もっと他の地域の話なのか、よく分からないのだが……。

とはいえ、ヤマト政権の土台が固まると、七世紀初頭にかけて、大戦乱もない比較的安定した政権が持続している。前方後円墳を各地の首長が選択し、威信財を大王（のちの天皇）からもらい受けるゆるやかなネットワークに支えられて政権が続いたのである。

またこの間、勢力を拡大したのは物部《もののべ》氏で、古墳時代を通じて日本でもっとも広大な領土を保有する大豪族に成長した。ならば、彼らの素姓は分かるのだろうか。

『日本書紀』に次の記事が載る。

物部氏の祖はニギハヤヒ（饒速日命《にぎはやひのみこと》）で、神武東征以前、天上界から天磐船《あまのいわふね》に乗ってヤマトに舞い下りていた。ニギハヤヒはすでにヤマトに君臨していたナガスネビコなる人物の妹を娶って、ヤマトの王に立った。そのあと神武天皇が南部九州からやってくる。つまり、ヤマトの王は①ナガスネビコ、②ニギハヤヒ、③神武天皇の順番に立ったと『日本書紀』は証言していることになる。

史学者は、「南部九州からやってきた神武天皇」や「神武天皇に王権を禅譲したニギハヤヒ」といった『日本書紀』が描いた説話を、ほとんど無視している。

その一方で、初代神武と第十代崇神《すじん》天皇は同一人物ではないかと推理されているが、だからといって、ヤマト黎明期の神武や崇神、ニギハヤヒやナガスネビコの物語は、重視されているわけではない。正確な歴史ではないと漠然と信じられているように思う。

しかし、考古学がヤマト建国の詳細を示したのだから、そこに彼らの行動やら系譜やらを、重ねてみる努力は必要だし、見えてくる歴史はいっぱいあるはずだ。

さらに、この「方々から有力者が集まってヤマトの王位を順番に禅譲していった」という『日本書紀』の話、纏向遺跡の成立と重ねてみると、「すべてが作り話」とは思えなくなってくる。

そこでニギハヤヒとナガスネビコが何者だったのかを知りたくなるが、『日本書紀』は多くを語らない。ここに、大きな秘密が隠されていると思う。

考古学を当てはめれば、意外に簡単に彼らの正体は明かせるのではあるまいか。

ニギハヤヒとナガスネビコの素姓

ニギハヤヒの末裔の物部氏は、河内（大阪府南東部）に拠点を構えていて、これはヤマト黎明期の吉備（岡山県と広島県東部）の動きに重なって見える。そこで、吉備について考えておきたい。

不思議なことに吉備勢力は、みなが競って集まってきた纏向遺跡に執着していない。河内にパワーを集中している。弥生時代後期に吉備の地元では、楯築《たてつき》弥生墳丘墓（岡山県倉敷市。双方中円式墳丘墓《そうほうちゅうえんしきふんきゅうぼ》）を造り、また特殊器台・壺を編み出していて墳丘に並べた。これがヤマトの前方後円墳の原型になったと考えられている。

また、吉備がヤマトに持ち込んだ特殊器台・壺は祭器だから、ヤマト建国の中心に吉備が立っていたのではないかと、考古学者は考える。おそらく、その通りだと思うし、吉備はめきめきと力をつけ、五世紀前半に最盛期を迎えている。吉備の造山《つくりやま》・作山《つくりやま》古墳は、当時の天皇家の前方後円墳とほぼ同規模（少し小さい）を誇っている。つまりヤマト建国は吉備のひとり勝ちと言っても過言ではなかった。

古墳時代にもっとも栄えた豪族も「河内の物部氏」だから、河内に吉備が拠点を構え、「吉備からやってきて河内に拠点を構えたニギハヤヒの末裔」が、物部氏だったのだろう。

では、もうひとりのナガスネビコの出身地はどこだろう。

通説は、ナガスネビコをヤマトの土着と考える。ニギハヤヒが舞い下りたとき、すでにナガスネビコはヤマトにいたからだ。しかし、考古学の情報を当てはめれば、考えを改める必要がある。

まず第一に、すでに触れたように、弥生時代後期の近畿地方南部は、鉄器の過疎地帯だった。強い王も生まれていなかった。その一方で、三世紀初頭、多くの地域の人びとが突然ヤマトの纏向にやってきた。弥生・古墳文化の研究者・赤坂次郎は、その中でも最初期に影響力を持ったのは東海地方だったと言う（『古代「おおやまと」を探る』伊達宗泰編〈学生社〉）。奈良盆地の東南部のオオヤマト（いわゆる山辺の道の周辺）に、東海勢力がまず地盤を築いている。

そのオオヤマトで東海勢力を束ねていたのが、ナガスネビコではなかったか。『日本書紀』と『古事記』の記事からも、ナガスネビコの正体を明かすことは可能だと思う。

実在の初代王は第十代崇神天皇と考えられていて、子の第十一代垂仁天皇と共に、和風諡号は「イリヒコ」だ。ふたりで「イリヒコの王家」を形成する。これがヤマト黎明期の王家で、宮も、纏向とその近くに建てられたから、間違いない。

また、崇神の母と祖母は物部系だから、崇神は物部氏の祖のニギハヤヒであろう。これが分かってくると、ナガスネビコの素姓が明らかになる。

『日本書紀』は第十二代景行《けいこう》天皇が垂仁天皇の子というが、景行から第十四代の仲哀《ちゅうあい》天皇まで、和風諡号は「タラシヒコ」で、なぜか「イリヒコ」の名を継承していないし、

「タラシヒコ」は七世紀の王たちの諡号であり、史学者はタラシヒコの王家の実在性は危ういと考える。

『日本書紀』はタラシヒコの天皇たちの身長が三メートルあったと記録する（ウソに決まっている）。このような記事があるから、タラシヒコの王家は、創作されたと疑われるのだ。景行天皇の子のヤマトタケルは、三メートルの高身長なのに女装し、「私は女の子（童女）」と偽って、恐ろしい熊襲《くまそ》たちをだまし討ちにしている（ありえない）。『日本書紀』に描かれたヤマトタケルの行動は、みな神話じみていて、実在の人物であったかどうか、じつに疑わしいと、史学者は考えるのだ。

しかし、説話に信憑性がないからといって、無視することはできない。

そのような説話をここに挿入した『日本書紀』編纂者の意図や悪意を探るべきで、すなわち『日本書紀』は、タラシヒコの王家を歴史改竄の手口のひとつにしているのではあるまいか。

前方後円墳分布域のニギハヤヒと前方後方墳分布域のナガスネビコ

タラシヒコの王家たちの宮は近江にあったが、ここに、話の妙がある。近江は三世紀（ヤマト建国前後）の前方後方墳の分布域に入っているからだ。どういうことか、説明しよう。

植田文雄は土器編年の見直しを進め、近江が前方後方墳（前方後円墳ではない）発祥の地だったこと、纒向の前方後円墳とほぼ同時か、少し前に出現していたと考えた（『「前方後方墳」出現社会の研究』学生社）。

ちなみに、前方後方墳は、前も後ろも四角の古墳だ。日本海側の台状墳丘墓の影響を受けたと考えられている。

また、三世紀の纒向遺跡の時代、瀬戸内海を中心とする前方後円墳の分布域と、近江・東海を中心とする前方後方墳の分布域が、東西にくっきりと分かれ拮抗し、二大勢力を形成していた。これに（唐突ながら）山陰地方のタニハ（但馬、丹波、丹後、若狭）を足した三大勢力が、ヤマト建国の中心メンバーである。

弥生末期頃の首長墓の墳形

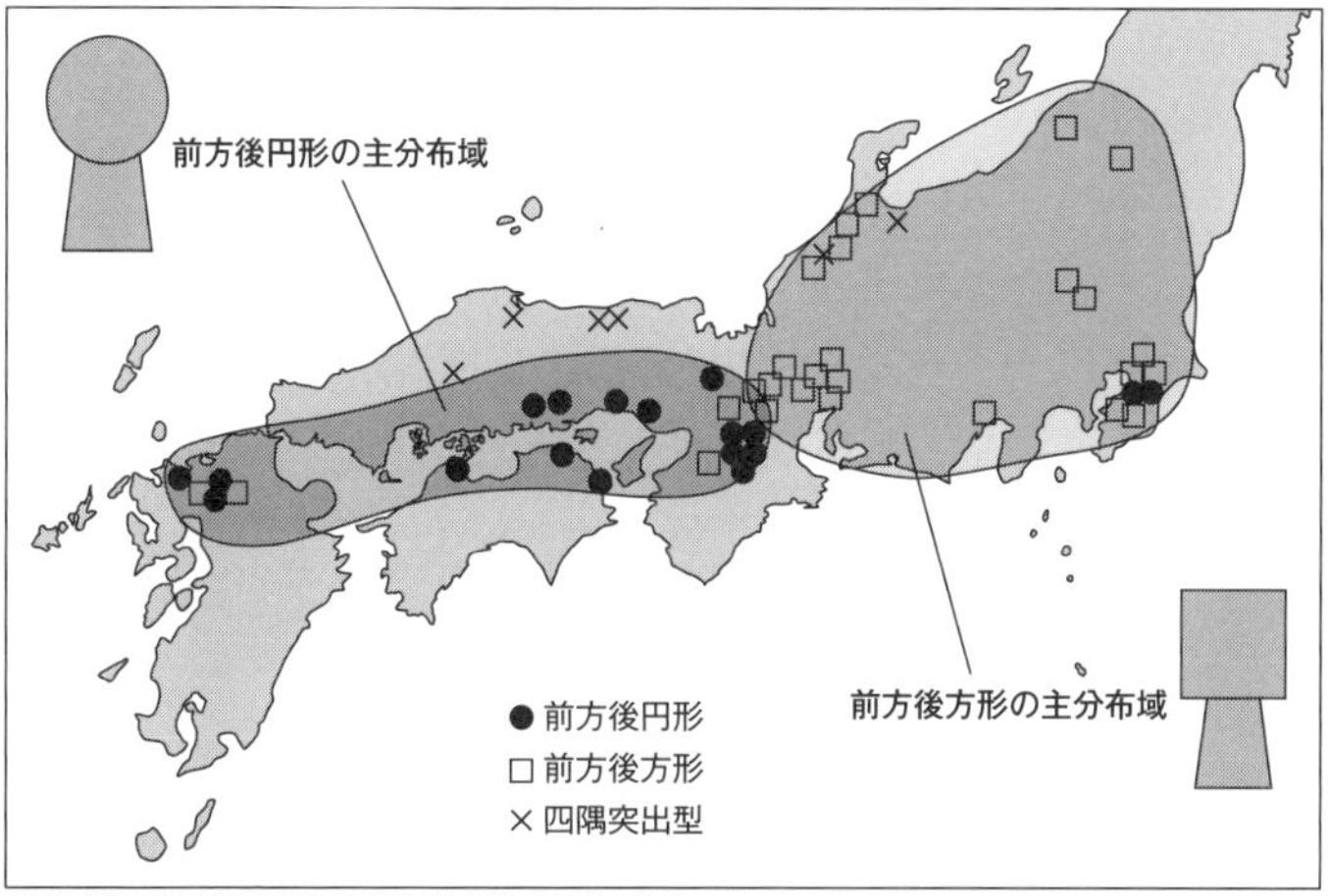

出所:「邪馬台国」平野邦雄編(吉川弘文館)を参考に作成

すでに触れたように、東海地方がオオヤマトに足場を築き、吉備は河内に拠点を構えた。前者は前方後方墳の、後者は前方後円墳の分布域の中心勢力で、前方後円墳側を代表するのが物部氏であり、二大勢力がヤマトで拮抗していたとすれば、前方後方墳分布域を代表しオオヤマトに進出していた東海勢力の代表者がいたはずなのだ。その人物は、ヤマト土着勢力を凌駕するパワーと影響力を持っていただろう。

『古事記』は「奇妙な情報」をポロリともらしていて、これが大きな意味を持ってくる。第十二代景行天皇＝タラシヒコのスネは、一メートル以上あったというのだ。普通の人間の長さではない。髄《すね》の長い景行天皇が「スネの長いナガスネビコ（長髄彦《ながすねびこ》）」と同一だったことを、暴露しているのではあるまいか。

そして、景行天皇とタラシヒコの王家が宮を近江に置いたこと、そこが前方後方墳の発祥地であり、分布域だったところから、景行天皇が「東の人」であり、ナガスネビコも「東からヤマトに乗り込んだ有力者」だった可能性を高めているのである。

つまり、前方後円墳勢力圏のニギハヤヒと前方後方墳勢力圏のナガスネビコがヤマトで大同団結し、先にヤマトに乗り込んでいたナガスネビコが、妹をニギハヤヒに差し出し、この婚姻によって、ヤマト政権の基礎は固められたのだろう。

ちなみに、『古事記』は『日本書紀』よりも早く書かれたと『古事記』序文は訴えるが、この序文そのものが後の世の偽作なのはもはや常識なのに、通説はそれでも、『古事記』は『日本書紀』よりも先に書かれたと思い込んでいる。

しかし、『古事記』は擬古作で敗者の書なのだ。勝者（藤原不比等）の記した『日本書紀』の内容をなぞり、肝心な場所で歴史を解き明かすためのヒントをこっそり残した文書だ。この「景行天皇のスネは長かった」という本来必要のない情報も、まさに『古事記』作者の執念のヒントである。

神武を祭司王に立てて実権を握ったニギハヤヒ

ひとつ大切なことを言い忘れていた。

筆者は東からヤマトに乗り込んだナガスネビコの末裔が東海の雄族・尾張氏とにらんでいるが、『日本書紀』は尾張氏を、なぜか神話の世界で天皇家の祖の系譜に組みこんでいる。一方物部系の史書『先代旧事本紀《せんだいくじほんぎ》』は、尾張氏を物部同族として記録している。『先代旧事本紀』は平安時代に記された文書だが、時代が下っても、物部氏は尾張氏との関係を強調していたわけで、それはなぜかといえば、ナガスネビコが東海系で尾張氏の親族で、さらに物部氏の祖のニギハヤヒがナガスネビコの妹を娶って王権を譲り受けたからだろう。吉備のニギハヤヒと東海のナガスネビコの妹との間に生まれたウマシマヂ（宇摩《うま》志麻遅命《しまぢのみこと》、可美真手命《うましまでのみこと》）が物部氏の先祖だ。

ここで強調しておきたいのは、ニギハヤヒとナガスネビコ（前方後円墳勢力と前方後方墳勢力）の蜜月時代が、ヤマトの黎明期に生まれていたことなのである。

ところが、神武天皇がヤマトを目指すと、神武を拒み続けたナガスネビコをニギハヤヒは殺し、神武を迎えいれ、王権を禅譲している。ここに、大きな謎が隠されている。これが創作と思えないのは、こののち前方後方墳文化圏は消滅し、前方後円墳が東にも伝播していくからだ。ここで何が起きていたのだろう。

ニギハヤヒも、武力で神武を追い立てることは可能だったはずだ。ならばなぜ、義兄のナガスネビコを裏切ったのだろう。

これは、東西の二大埋葬文化圏のそれぞれを代表するふたりの死闘であり、王に立っていたニギハヤヒが一存で義兄を殺してしまったのは（これが事実であれば）、粛清であり、独裁権力を行使したとしか思えない。ところが、ニギハヤヒは、なぜか「王権」を、神武に譲ったという。これは、筋が通らないし意味が分からない。ここでいったい何が起きていたのだろう。

話はここで初代神武天皇と同一人物と考えられる第十代崇神天皇に移る。

崇神天皇の時代、疫病が蔓延し、人口が半分以下に落ち込んでしまったと『日本書紀』は言う。そこで占ってみると、大物主神（出雲神）の意志（祟り）と分かった。そこで大物主神の子を捜し出してヤマトに連れて来て大物主神を祀らせたところ、疫病は収まった……。

この物語に登場する崇神天皇の母と祖母は物部系と『日本書紀』は言い、それは要するに、「初代の崇神天皇」がニギハヤヒだったことを暗示していると思う。そして崇る大物主神を祀る大物主神の子こそ、神武天皇の正体ではないかと筆者は推理する。

絶対的な権力を握っていたはずのニギハヤヒが、なぜ神武に王権を禅譲したのかと言えば、神武は祭司王にすぎなかったからだろう。

神武天皇のヤマト入りを「神武東征」と呼び習わしてきたから、強力な軍勢が押しかけたイメージがある。明治維新後、天皇の権威を高めるために、「東征」と、はやし立てた罪は大きい。

『日本書紀』を読めば分かる。神武天皇は、決して強い王ではない。「神武東征」は征服劇でもない。

神武天皇はまず生駒山でナガスネビコに蹴散らされ、這這《ほうほう》の体《てい》で熊野に逃れ、そこでも、道に迷い、衰弱し、天上界の神やヤタカラスに助けられて、ようやくの思いで奈良盆地にたどり着く。しかも、神武に抵抗しようと群がった多くの敵を眺めて、「とてもではないが、勝てない」と弱音を吐き、あきらめている。それはそうだろう。ニギハヤヒの王の軍勢ではなく、ナガスネビコの手勢にさえ歯が立たなかったのだから、神武に勝ち目はなかった。

ならばなぜ、神武はヤマトの王に立てたのか。もちろんニギハヤヒがナガスネビコを殺してしまったからだが、その前に神武は、呪術を執り行っている。夢に神が現れ、天香《あまのか》具山《ぐやま》（奈良県橿原市。大和三山のひとつ）の埴土《はにつち》をとってきて土器を造り、神に食べ物を捧げ、共に食せば、負けぬ体になると教わったのだ。そこで使者を遣わし、天香具山の土を得たのだった。

つまり、神武天皇がヤマトの王に立てたのは、神々の加護を受け、呪術に長けていたからなのだ。

神武天皇は力でヤマトを統治したわけではない。敵を呪い、敵を圧倒できる鬼のような力を持っていたわけだ。ヤマト黎明期の王（大王、天皇）は祭司王であり、権力を握っていたニギハヤヒが、神武をヤマトに呼び寄せ、これをナガスネビコが拒んだ、ということだろう。

神武は日向御子？

史学者の多くは初代神武天皇と第十代崇神天皇を同一人物と考えている。根拠もある。神武は今から二千数百年前に即位したと『日本書紀』は言うが、それは弥生時代のことで、ヤマトに王権が生まれていたとはとても思えず（考古学的に証明できない）、両者ともに「ハツクニシラス天皇《すめらみこと》（初めて国を治めた天皇）」と称えられており、『日本書紀』の神《かむ》日本磐余彦尊《やまといわれびこのみこと》の記事は中間がすっぽり抜け落ちていて、崇神の記事は最初と最後がない。そこで、ふたりの記事を重ねてちょうど始祖王の話が完成するというのだ。しかし、実際にはふたりは同一人物ではなく、同時代人だと筆者は考える。

すでに述べたように、崇神天皇の時代、疫病が蔓延したために、大物主神の子をヤマトに呼び寄せたという。この、大物主神の子こそ、神武天皇ではなかったか。

大物主神を祀る三輪山（奈良県桜井市）の山頂には高宮《こうのみや》神社が鎮座し、祭神は日向御《ひむかのみ》子《こ》だ。一般にこの神は「日に向かう神」だと考えられている。三輪山はヤマトを代表する太陽信仰の場でもあるからだ。しかしそれなら、「日向神《ひむかのかみ》」でよかったのに、なぜ「日向」に「御子」を足したのだろう。「御子」は子供であり、「童子」を意味している。

昔話の中で、オトナが怖がる鬼退治を一寸法師や桃太郎のような童子（子供）が退治に向かったのはなぜか。古くは「童子」は鬼と同等の力を持っていると信じられていたからだ。生まれたばかりの神秘的で驚異的な成長をする子供は、鬼に打ち勝つ力を秘めていると考えられていた。だから、「童子」は「鬼そのもの」で祟る恐ろしい力を秘めていると信じられた。「若《わか》」や「稚《わか》」の名を持つ神は、童子であり、鬼だから、祟る神でもある。大物《おおみわ》神社の摂社「若宮社」で大物主神の子を祀るが、祟る大物主神の子が「若」で「鬼」だったことは、古代人の共通の認識だったのだろう。

つまり、「日向御子」の「日向」は太陽信仰とは別で、地名ではなかったか。「日向御子」は「日向からやってきた御子」「日向から連れて来られた童子で、祟る大物主神を退治（鎮める）する鬼」であろう。

崇神天皇＝ニギハヤヒは疫神《えきじん》（大物主神）の祟る力に圧倒され、日向御子（南部九州に逃れた大物主神の子）を求め、大物主神を祀らせ、そのままヤマトの祭司王に立てたのが、本当の歴史だろう。ヤマトの王（天皇家）は、はじめから権力を持たなかった。

実権を握る豪族と祭司王のコンビが、こうして生まれたわけだ。ならば、その統治のスタイルはどのようなものだったのだろう。

外戚になる意味

古代天皇の統治システムを知るためのヒントは六世紀にある。隋の文帝《ぶんてい》はヤマトから遣わされた使者（遣隋使《けんずいし》）に、国の統治の様子を問いただした。すると使者は、次のように答えた。

「倭王《わおう》は天を以て兄となし、日を以て弟となす。天いまだ明けざるとき、出でて政を聴き跏趺《かふ》して坐し、日出ずれば便ち理務を停め、いうわが弟に委ねんと」

倭王は夜中に兄が、日が明ければ弟が、政務を司るというのだ。

おそらく、ここにある「兄」は天皇の親族の「巫女《みこ》」で、「弟」は天皇（大王）自身だと思われる。これを聞いた隋の文帝は「時代おくれだ」とあきれかえったという。

しかし、中国とヤマトの統治システムを、「進歩」「野蛮」という基準ではかることはできないと思う。ヤマトの呪術やマジナイ、神頼みの統治システムの裏に、カラクリが用意されている。巧妙な仕掛けが用意されていたからだ。その仕組みは、次のようなものだった。

天皇と皇后の間に生まれた皇子が即位すると、新天皇の姉や妹が巫女となり神を祀る。巫女は神と性的関係を結び（観念上）夫婦となり、神からパワーをもらい受け、兄（弟）の新天皇に放射する。これが「妹《いも》の力」で、神のパワーが国の安寧を約束する。そして難局にさしかかったとき、巫女は神託を求める。神の言葉は天皇に伝わり、実行される……。これが天皇の神祭りで、隋の皇帝に話した日本の「マツリゴト」の形だ。

ただ、これは表の話で、もうひとつの構図が用いられている。

巫女は神の託宣を天皇に伝えるが、その託宣は神から与えられたものとは限らない。天皇と巫女（天皇の姉や妹）の母方の実家の意思と考えるべきだ。

古代は通い婚だったので、男性（天皇）が妻（皇后・妃）の実家を訪問し子作りに励んだ。生まれた子（皇子と皇女。皇子はのちの天皇候補。皇女はのちの巫女候補）は妻の実家で育てられる。子供からすれば、父親は「たまにやってくるおじさん」であって、子供を養育し、かわいがるのは母と母の父母（母方の祖父と祖母＝外祖父母）だ。したがって子供たちが即位し、天皇と巫女になったとき、言うことを聞くのは、母親（先帝の皇后、妃）とその実家の祖父母たちとなる。だから、「巫女に下りる神託」は、母方の実家の意思でもあった。

時の権力者（天皇ではなく本当に力を持った豪族・貴族）が娘を天皇と結びつけ、外戚になろうとしたのは、まさにこのような統治システムが機能していたからで、王に権力を渡さないカラクリでもあったわけだ。このシステムが機能している限り、本当の権力者が王位を簒奪《さんだつ》する意味もなかったのである。

古代日本に影響を与えた中国の情勢

「魏志倭人伝」には、二世紀後半の倭国が騒乱状態となり、これを収拾するために女王卑弥呼が「共立された」とある。卑弥呼は館に籠もり、祭祀に専念し、弟が政務に励んでいたという。女王と男王の違いがあるが、まさにヤマト政権の祭司王と実権を持った豪族層の関係にそっくりだ。

こうして、纏向で生まれたヤマト政権は、前方後円墳を各地に広め、ゆるやかなネットワークが成立した。

巨大な前方後円墳を見やれば、天皇の絶大な権力を想像しがちだが、事実は逆だ。世界の王墓は、都やその周辺に造られる。しかし日本の場合、東北地方北部と北海道を除いた列島の各地に巨大な前方後円墳が造られた。同時代の天皇の陵墓よりも大きなものは造られなかったが、吉備の前方後円墳の中には、同時代の天皇とほぼ同等の大きさのものが存在し、天皇陵を含めたすべての前方後円墳の中でベストテン入りしている。

つまり、各地の首長も、巨大な前方後円墳を造営できたわけで、この「古墳ネットワーク」は、中央集権（強い王）のシンボルではなく、むしろ地方分権を表象していたわけである。

ただし、「ヤマトの王」や「天皇」は、定まった形で存続したわけではなく、時代ごとにアメーバのように、形を変えていった。実権を握った者たちの都合で、王のあり方も、変化したのだ。

さらに、中国や朝鮮半島とのやりとりの中で、ヤマト政権は揺れ動いた。

つまり、日本列島だけ見ていても、ヤマトの王の本質、古代史の真相をつかむことはできない。特に、遠く離れた中国の情勢が、朝鮮半島や日本列島と王権に大きな影響を与えた。

そこで、おそまきながら、中国や朝鮮半島の情勢も、少し頭に入れておこう。

話はさかのぼる。一世紀初頭、前漢末期、寒冷化による天候不順で、中国では食料が不足し、戦乱が巻き起こり、人口は激減した。文明が森を食べ尽くしたのだ。大自然のしっぺ返しである。前漢は没落し、後漢が再興されたが、黄巾《こうきん》の乱（一八四）でさらに衰退した。日本列島が「倭国大乱」の状態に陥ったのも、中国の情勢が不安定だったからだ。たとえば奴国《なこく》（福岡県福岡市と周辺）は、後漢に朝貢し金印を授かり、後ろ盾を得ていたが、後漢の衰退は奴国の威光にも影を落としていた。こうして奴国も弱体化していく。

このあと中国は三国時代を迎える。魏・呉《ご》・蜀《しょく》が鼎立したのだ。ここで、遼東郡《りょうとうぐん》（現在の中国の遼寧省）の豪族・公孫《こうそん》氏が朝鮮半島の楽浪《らくろう》郡を支配するようになった。ちなみに、遼東郡は、北方から侵入してくる異民族に対処するために中国が置いた大切な郡だ。一方楽浪郡は、後漢が朝鮮半島支配のために設置した出先機関の郡で、二つは北と東の異民族に対する抑えとなっていた。三世紀初頭に公孫氏は朝鮮半島南西部の韓・濊《わい》族の圧迫を防ぐために、楽浪郡を二つに分け、帯方《たいほう》郡を置いた。

その後、公孫氏は魏に滅ぼされ（二三八）、魏が帯方郡に進出した。邪馬台国の卑弥呼は、この時帯方郡を通じて魏に使者を送り、親魏倭王《しんぎわおう》の称号を獲得している。

古代朝鮮半島の騒乱とヤマト政権

魏は二四六年に、朝鮮半島の三韓を支配していた辰王《しんおう》を滅ぼし二六三年には蜀も滅ぼし、魏が晋《しん》に入れ替わると、二八〇年に呉も滅びた。ところが、晋に異民族が流入し、二九一年には内乱も発生した。この中国の混乱の隙をつき、朝鮮半島では、三一三年に高句麗が楽浪・帯方郡を滅ぼしてしまった。すると、漢人や北方民族が百済や高句麗に流れこんできた。そのため、この地域で暮らしていた夫余《ふよ》人（元々は中国東北部の民族）などが、朝鮮半島南部に押しやられてきた。中国では、晋の建国後の戦乱を経て、五胡十六国時代（三〇四～四三九）に突入した。中国の混乱と分裂は朝鮮半島に影響を及ぼしていったのだ。

そして四世紀の朝鮮半島南部では、百済と新羅が建国された。また、最南端の伽耶諸国では、金官加耶《きんかんかや》が、盟主的立場にのぼっていった。

ちなみに、ヤマト政権と伽耶の「国の形」はよく似ていて、伽耶は滅亡するまで、小さな国の集合体であり続けた。通商国家として、強い王の出現を望まなかったのだろう。

四世紀初頭に楽浪郡と帯方郡を奪った高句麗だが、四世紀半ばに、五胡十六国の強国・前燕《ぜんえん》（鮮卑族《せんぴぞく》）に攻められ、冊封体制に組み入れられた。高句麗は三六九年に百済を攻めているが、近肖古王《きんしょうこおう》（百済の初代王の可能性がある。三四六〜三七五）の返り討ちに遭い、敗れた。このあと、百済は中国南朝の東晋に使者を送り、鎮東将軍領楽浪太守に封ぜられている。百済の絶頂期だが、この称号を獲得したがゆえに、百済は高句麗と戦火を交え続ける宿命を負ってしまったのだ。

そして三九六年、高句麗は大軍を繰り出し、百済を攻め、南進した。軍勢は朝鮮半島最南端まで到達したようで、その様子は広開土王碑《こうかいどおう》に詳しい。石上神宮《いそのかみ》に納められた七支刀《しちしとう》が百済王から日本に贈られたのは、このような緊迫した場面が背景に隠されていた。

問題は、ここで「倭（ヤマト政権）」が参戦して高句麗と戦っていたことなのだ。また、この高句麗の南下政策によって、伽耶諸国にも影響があった。それまで盟主的地位にあった金官加耶は衰退し、五世紀後半から内陸部の大加耶が勃興する。のちにふたたび触れるが、この大加耶の発展が、越《こし》（福井県）の継体《けいたい》天皇誕生のきっかけになった可能性が高い。

それにしても、なぜ北部の高句麗が、一気に伽耶まで進軍できたのだろう。騎馬軍団だから？　ことはそれほど単純ではないと思う。足の速い騎馬軍団でも、ゲリラ戦に持ち込まれれば、難儀する。

答えは、高句麗の広開土王の子の長寿王が建てた「中原《ちゅうげん》高句麗碑」に記されている。そこには、最初は新羅を圧迫していた高句麗だが、その後、手を結んでいたのだ。「兄弟のように上下相和し」と記されていた。つまり、新羅を味方に付けた高句麗は、新羅を素通りして朝鮮半島南部まで、無傷で到達できたのだ。

これは、ヤマト政権にとっても、由々しき事態である。伽耶の鉄は国家の生命線であり、だからこそ、この時代のヤマト政権は、百済と手を組み、高句麗と戦い、伽耶とその権益を守ったのだ。

高句麗と通じていた新羅は、「倭」とは長年敵対していたようだ。『三国史記』に、その様子が克明に描かれている。

紀元前五十年から、新羅と倭は争っていたと『三国史記』に記されている。倭人が兵を連ねて辺境を侵そうとしたとある（真偽は確かめられない。そもそも、新羅建国は四世紀のことだからだ）。その後、つねに新羅と倭は交戦を続けていたという。そしてようやく、四〇二年に「倭国とよしみを通じ、人質を差し出した」とあり、ここでようやく、和解したようなのだ。

ヤマト政権は瀬戸内海政権（物部氏が主導権を握っていた）でもあり、北部九州から伽耶、伽耶から中国につながる航路を維持するために、朝鮮半島西南部の百済と手を組んだ。だから、新羅との国交回復も、遅れた。そんな中、新羅は高句麗の圧力もはね返さねばならず、あるときは高句麗と、あるときは百済と手を結ぶことで、何とか命脈を保ったのだ。

その一方で、新羅は次第にヤマト政権とも接点を持つようになった。『隋書』倭国伝に、次の記事がある。

新羅・百済は、皆倭を以て大国にして、珍物多しと為し、並に之を敬仰して、恒《つね》に使を通じて往来す。

この記事をどこまで信じてよいか分からないが、新羅は生き残りのために、苦心していたことは間違いない。

東アジア情勢が日本の強い王を求めた？

そこで、ヤマトの王の話だ。

四世紀末に高句麗が南下政策を採りはじめ、朝鮮半島南部の諸国は動揺し、百済や伽耶諸国は、ヤマト政権に頼った。日本列島は背後の憂いがないから、遠征軍を送り込むことができたのだ。また、新羅は、高句麗とヤマト政権両方の顔色をうかがう立場にあった。新羅も百済も、ヤマト政権に人質を送っていたことが、『日本書紀』『三国史記』『三国遺事』の記事から分かる。

そしてこのような朝鮮半島情勢が、ヤマトの王を少しずつ変えていく。

ヤマトの王は本来実権を握らせてもらえない祭司王であり、ゆるやかな連合体の調整役だった。ところが、高句麗の南下と遠征軍派遣によって、五世紀になると、東アジアでヤマトの王（倭王）の名は、否が応でも高まった（ヤマトを代表する人物ゆえ）。そして、いわゆる倭の五王が出現する。『日本書紀』に登場する仁徳《にんとく》（あるいは履中《りちゅう》か応神）、反正（あるいは仁徳）、允恭《いんぎょう》、安康《あんこう》、雄略の歴代天皇である。

この時代、高句麗は北魏に、倭王は南の宋に近づいていた。そして、五代の王が、宋に爵位を求めたのだった。倭の五王最後の武王《ぶおう》（第二十一代雄略天皇と考えられている）は、使持節都督倭百済新羅任那加羅秦韓慕韓七国諸軍事安東大将軍開府儀同三司倭国王を自称したが、宋から下された爵位は使持節都督倭新羅任那加羅秦韓慕韓六国諸軍事安東大将軍倭王だった。長く厳めしい官爵だが、名誉職的な色合いが強かった。また、雄略天皇が自称した「開府儀同三司」は、高句麗王に授けられてしまった。とはいえ、国内的には、大いにもてはやされただろう。

雄略天皇は本来皇位継承の可能性は低かったが、クーデターで有力皇族や有力豪族の円大臣《つぶらのおおおみ》（葛城氏《かつらぎ》）を滅亡に追い込んで玉座を手に入れている。外圧も手伝って、時代は大きく変わりつつあったから、強い王が求められたのかもしれない。統治システムを中央集権化しない限り、外敵に襲われるという恐怖心も芽生えていたのだろう。

たとえば、同盟国の百済といえども、油断できなかった。『日本書紀』敏達《びだつ》十二年（五八三）七月条に、興味深い記事が残されている。あらすじを拾い上げてみる。

百済に派遣されていた倭系官僚（百済で働いていた日本人の役人）で高官だった日羅《にちら》が賢

く勇気があることから、天皇は呼びもどして計略を立てたいと考えた。百済王は一度帰してしまったら、引き留められ、戻ってこないのではないかと思い、渋っていた。しかし日羅は使者に策を授け、百済に再要求させた。こうして日羅は日本に戻り、献策をした。そして最後に、

「百済人が策謀して、三百隻の船で筑紫の領土を奪おうと思っています」

と言い、その場合の防衛方法を進言した。こうして日羅は百済に戻ったが、帰路、同行していた百済人に殺されてしまった。新羅の仕業に見せかけたが、日羅が蘇生し、真相を言い残して亡くなった……。

どこまで本当の話か、よく分からないが、『日本書紀』は「百済寄り」の歴史書で、その中で百済の謀略を記録している点に注目しておきたい。

問題は、百済は日本を頼ったが、心の底から日本を仲間と思っていたわけではなかったことだ。利用できればそれでよかったのだろう。

『日本書紀』推古三十一年（六二三）是歳条《このとしのじょう》によると、伽耶に新羅が攻め入ったことから、どう対処すべきか推古天皇は群臣に尋ねた。すると田中臣（蘇我系）は、あわてて討

つべきではないと主張し、かたや中臣連国《くに》（「中臣氏系図」は、中臣鎌足の叔父と言っているが、あてにならない）は、すぐ新羅を討ち、任那《みまな》（伽耶）を百済に帰属させるべきだと言った。これに対し田中臣は、「百済は是反覆《これかえすこと》多き国なり」と述べた。すなわち、百済は信用できず、すぐに約束を違えると言っている。さらにこのあと、「道路の距離も騙す人たちだ」と、非難している。

要は、百済や朝鮮半島の国々の行動は大陸の「文明」の論理に貫かれていたということだ。「やらねばやられる」「国境は常に移動する」「強いものだけが生き残る」のである。

つまり、言いたいことは、東アジア激動の時代、日本もウカウカしていられなかったということだ。東アジア情勢が、日本に「強い政府」を求めはじめていたのだ。

ヤマト政権が守りたかったのは伽耶

五世紀後半の雄略天皇が中央集権化の道を切り開いたという推理は、史学者の多くが認めている。

また、倭王武（雄略天皇）からあと、ヤマトの王は中国の冊封体制に組みこまれることはなかった。六世紀から七世紀の遣隋使や遣唐使も、朝貢したわけではない。それを、「小中華思想を掲げたからではないか」とする考えもあるが、もうひとつ別の、具体的な理由がありそうだ。倭の五王が宋に爵位のおねだりをしても、思い通りには行かず、高句麗や百済よりも低く評価されたことが、最大の原因ではなかろうか。

ヤマト政権にすれば、百済に加勢して遠征軍を送らなければ、百済は滅びるのに、と考えていただろう。一方百済のプライドは高く、あわよくば九州を奪い取ろうと目論んでいた可能性は高い。先に触れた『日本書紀』の記事が、そう言っている。

このあたりの朝鮮半島諸国との駆け引きは、じつに生生しく、みな必死だったことが分かる。

ヤマト政権にとって朝鮮半島でもっとも重要だったのは、百済ではなく伽耶諸国だ。日本に近かったこと、朝鮮半島最南端の沿岸部と縄文時代から交流があったことは、考古学的に確かめられている。「魏志倭人伝」などの文書に、「倭」が朝鮮半島最南端に存在したのではないかと思わせる記述もあり、遺伝子的にも似ていたし、鉄の流通ルートの拠点として伽耶は最大の同盟国だった。

伽耶の地域から非常に多くの難民が、日本列島に流れこんでいる。乙巳《いっし》の変（六四五）

で蘇我本宗家を最後まで守ろうとした東漢《やまとのあや》氏は、「阿耶《あや》（安羅《あら》、阿羅《あら》。伽耶諸国のひとつ）」出身と考えられている。

四世紀末から始まった高句麗の南下政策によって、百済と新羅は領土をかすめ取られ、南に追われ、ところてん式に伽耶諸国を圧迫した。伽耶諸国は鉄を産し、東アジアの水上交通のジャンクションの役目を負っていたから、それでなくても「誰もが手に入れたい土地」だった。その魔の手から伽耶を守っていたのが、ヤマト政権だったといえるだろう。だからこそ、ヤマト政権は、朝鮮半島に多くの軍団を派遣したのである。

ところが、伽耶はどんどん領土を奪われていく。西側からは百済が、東側から新羅が侵蝕してきた。そして欽明《きんめい》二十三年（五六二）に、伽耶は滅亡する。原因のひとつは、ヤマト政権の稚拙な外交政策にあった。ヤマトの外交は、分裂していたのだ。任那日本府が、機能しなかった。それどころか、足手まといになった。

ところで、『日本書紀』は伽耶（任那）を特別視し、支配下に置いていたかのように記し、昔は通説もそのように考えていた。任那日本府の任那国を古い教科書では「伽耶全体」を指していたのはそのためだ。

ちなみに、朝鮮側の史料は、金官加羅《きんかんから》を任那と呼ぶ。「魏志倭人伝」に登場する狗邪韓《くや》国でもある。

つまり『日本書紀』は、ヤマト政権が優位な立場にあって、任那＝伽耶を支配していたと主張していたわけだ。

たとえば『日本書紀』垂仁二年是歳条の異伝に、次の記事が載る。


先代の崇神天皇を慕って来日した加羅国の王子のツヌガアラシト（都怒我阿羅斯等《つぬがあらしと》。アメノヒボコと同一と考えられている）であったが、すでに崩御していた。そこで垂仁天皇は、「帰国したいか」と問いただし、望んでいるということなので、赤絹を下賜し、「本国の名は御間城《みまき》天皇（崇神天皇の和風諡号）の御名を負ってとり、国の名にせよ」と仰せられた。このため加羅国は「弥摩那国《みまなのくに》（任那）」になった……。


このように、『日本書紀』は、伽耶は任那のことで、朝鮮半島南部の国々がヤマト政権の風下に立っていたかのように記している。

ちなみに近代日本は、朝鮮半島進出の正当性を、古代史の中に求めていたが、戦後の史学界は、古代日本は朝鮮半島の力に圧倒されていたと考え、この記事も実際は逆で、御間《みま》城入彦五十瓊殖尊《きいりひこいにえのみこと》（崇神天皇）が朝鮮半島の任那からヤマトに乗り込んだ証拠だと騒がれるようになった。しかし、考古学は朝鮮半島の勢力が三世紀に大挙して纏向に乗り込んだとは言っていない。

ならば、ヤマトと伽耶の本当の関係を、考古学の知見も取り入れて、再現できるだろうか。

弥生時代の朝鮮半島南部に弥生土器が流入していた

すでに縄文時代から、北部九州と朝鮮半島南部の間で往き来があったことが分かっている。東三洞貝塚《とうさんどう》（釜山市影島《ぶさんえいとう》）から、縄文前期の曾畑式《そばたしき》土器が出土し、時代が下って縄文後期の鐘崎式《かねがさきしき》まで、さまざまな型式の土器が出土していることが分かっている（『東アジアと日本の考古学Ⅲ』後藤直・茂木雅博〈同成社〉）。

ここにある鐘崎式の「鐘崎」は福岡県宗像《むなかた》市鐘崎の地名で、古くから海人《あま》が生活していた場だ。

弥生時代になっても、朝鮮半島の最南端地域に、日本列島の土器が流入していたことが分かってきた。

弥生時代中期（前四～前三世紀）ごろから、土着の土器とは異なる弥生系の土器が流入していた。今では、約二十の遺跡から、弥生系土器がみつかっている。

もっとも多いのは勒島《ぬくと》遺跡（泗川市《さちよん》）で、また壱岐の原《はる》の辻《つじ》遺跡（長崎県壱岐市）との間に、深い交流の痕跡が見出せる。九州の糸島周辺に代表される北部九州の土器や壱岐の土器、西日本の土器が、朝鮮半島に流入していて、のちの任那と呼ばれる地域に列島人が進出していたというのだ（石丸あゆみ「朝鮮半島出土弥生系土器から復元する日韓交渉：勒島遺跡・原ノ辻遺跡出土事例を中心に」『東京大学考古学研究室研究紀要　巻二十五』東京大学大学院人文社会系研究科・文学部考古学研究室）。ただし、弥生時代後期になると、この流れが止まってしまう点が謎めくのだが……。

このように、縄文時代、弥生時代から列島人は朝鮮半島最南端に進出し、交流を持っていたわけだ。

戦後の史学界は、朝鮮半島や中国からすべての文物と人はやってきたと頑なに信じてきたし、皇国史観の反省を含めて、「へりくだるクセ（悪い意味で）」が身についてしまって、先史時代や古代の日本が朝鮮半島に進出していたと言えば、それこそ「夜郎自大」のレッテルを貼られそうな雰囲気は、確かにあったのだ。

だから、崇神天皇の「ミマキイリヒコ」の「ミマキ」の名から「ミマナ」の国名が生まれたという話はまったく信用されず、「ヤマトの初代王はミマナからやってきたのでミマキイリヒコではないか」と、まったく逆に推理されて、「そうかもしれない」と、史学者たちはうなずき合っていたのである。

四県割譲(五一二)事件と任那日本府

六世紀に伽耶は滅ぼされるが、この間、ヤマト政権のほぼすべての策が裏目に出て伽耶はヤマトを恨んだ。一方のヤマトの王家は、伽耶の滅亡をとことん悔やみ、その復活を強く望み、その結果、皮肉なことだが、ヤマトの王の力は強まり、さらにヤマト政権が中央集権化に向けて、ようやく本格的に歩みはじめるようになった。不思議な因果関係が、ヤマト政権と王の形を変えていったのである。

なぜこのような複雑な経過をたどったのか、まず、外交政策の「失敗の本質」から、たどっていこう。

四七五年に、一度百済は高句麗に滅ぼされ、しぶとく復活するのだが、このころから百済は伽耶の領土に触手を伸ばしていく。また、百済とヤマト政権は複雑な関係に陥る。

まず、『日本書紀』顕宗《けんぞう》三年（四八七）是歳条に、紀生磐宿禰《きのおいわのすくね》なる人物が高句麗と手を組み、三韓（百済・新羅・伽耶）の王に立とうと企んだ話が載る。百済を排除し、帯山城《しとろむらのさし》（全羅北道）を築いたが、百済は兵を繰り出し生磐宿禰は逆襲したとある。最後は撤退に追い込まれた……。ヤマト政権と百済は、本当に仲が良かったのだろうか。

じつは、このあたりから、ヤマト政権の外交戦はじつにちぐはぐになっていく。統一された意志が欠如していくのだ。

六世紀初頭に継体天皇が越（福井県）から連れて来られて即位すると、継体六年（五一二）冬十二月、百済が使者を遣わし、任那（伽耶）の中の百済に隣接する四つの県の割譲を要求してきた。大伴金村《おおとものかなむら》や穂積押山《ほづみのおしやま》ら、豪族たちの意見もとりまとめ、継体天皇はこれを受け入れた。

ところがここで、奇妙なことが起きる。

まず、宣勅使に任命された物部麁鹿火《もののべのあらかひ》の妻は、「もし他の国に譲れば、後世の誹《そし》りを受けます」と、夫を諫め、麁鹿火も仮病を使って役目を降りている。

さらに、大兄皇子《おおえのみこ》（継体天皇の子の勾《まがりの》大兄皇子。のちの安閑天皇）が勅《みことのり》（命令）の内容を知り、驚き、悔い、「応神天皇の時代から官家《みやけ》を置いてきた国を、そう簡単に蕃国の請うままに渡してしまって良いのか」と述べ、命令の撤回を求めたのだ。ただし、受け入れられず、四県割譲は、成立した。

この時噂が流れて、大伴金村や穂積押山は百済から賄賂をもらったのではないか、というのだ。またこの直後、伽耶の北部（大加耶連盟）が、猛反発している。

この事件は、深い闇に包まれている。

継体天皇は越から連れて来られた天皇で、「日本海を代表する王」でもある。五世紀後半に雄略天皇が登場し、中央集権化を急ぎ、国政と王統は混乱し、応神天皇五世の孫を王に立てる羽目に陥ったわけだ。ヤマト政権は疲弊し、逆に日本海勢力は急速に力をつけていたのである。

前方後円墳体制はまだ続いていて、瀬戸内海政権でもあり、彼らが手を組んでいたのは百済だが、日本海勢力は伝統的に新羅との結びつきが強かった。だから継体天皇も、本来ならば新羅寄りの政策を掲げるはずだったろうに、おそらく、ヤマトの旧勢力に取り込まれてしまい妥協していた可能性が高い。

また、伽耶諸国も、百済に付くべきか新羅に付くべきか判断を迫られていた時期である。

結局、継体天皇は不本意ながら折れ、息子がこれに反発したのだろう。そしてこのあと、伽耶諸国はヤマト政権の煮え切らない外交戦略に愛想をつかしていく。

そもそも、ヤマト政権の出先機関であるはずの任那日本府が、天皇の命令を無視していくのだから不可解だ。しかも天皇の任那日本府に向けた命令は、なぜか百済を経由して伝わり、任那日本府は王の命令を拒んでいく。

日本と伽耶は夫婦の関係

欽明二十三年（五六二）春正月、朝鮮半島東南部の新羅が任那の官家を打ち滅ぼしたと、『日本書紀』は記録する。伽耶（諸国）が滅亡したのだ。

すると欽明天皇は、同年夏六月、新羅を糾弾する勅を発している。

「新羅は西羌《せいきよう》の小醜《しようしゆう》なり」と罵っている。西方の醜い国だという。それだけではない。天に逆らって無道を働き、恩義に背いて官家を攻め、わが人民を掠《かす》め、侵略したと非難した。

　さらに、神功皇后《じんぐう》（気長足姫尊《おきながたらしひめのみこと》。第十五代応神天皇の母で新羅征討を敢行した）の話を持ち出した。神功皇后は霊妙で人びとをいたわり養ったこと、新羅が困り果てて助けを請うてきたとき、憐れみ、首が切られそうだった新羅王を救い、新羅に要害の地を与え、繁栄をもたらしたといい、神功皇后は新羅を軽んじず、民も新羅を恨んでいない。それなのに、新羅は強い兵力で任那に侵攻し、残虐な限りをつくしたという。肝を裂き脚を切っても満足せず、残酷とは思わず、骨をさらし屍を焼いた。任那の人びとを刀やまな板を使って殺したり、膾《なます》（塩漬け？）にしたというのである。

　このような悪逆非道な新羅に攻め滅ぼされた任那であるから、深く悲しみ恨むと欽明天皇は言う。国を守る上でこれ以上ないという恩義があり、聖意をつくして友に悪逆無道の者（新羅）を誅殺し、仇を報いることができたとしても、恨みは残るだろう、と言うのである。

　欽明天皇の最晩年、『日本書紀』欽明三十二年（五七一）夏四月条にも、激しい遺言を残している。

天皇の病気が悪化したとき、皇太子（のちの敏達天皇）は外出していた。そこでわざわざ駅馬で呼びに行かせ、寝室に招き入れた。皇太子の手を取って天皇は、述べられた。

「私の病は重い。のちのことは託した。おまえは新羅を討ち、任那を再建しろ。ふたたび夫婦のような関係になれば、死んでも思い残すことはない」

そしてこの月、天皇は崩御《ほうぎょ》された……。

百済が滅亡したときでも、王家はここまで嘆いてはいない。同じ同盟国でありながら、やはり伽耶は特別だったのだ。

「夫婦のような関係」という『日本書紀』の表現（あるいは欽明天皇の言葉）は、無視できない。すでに述べたように、縄文時代から北部九州と朝鮮半島最南端の沿岸部はつながっていて、弥生時代には、多くの土器が列島や壱岐から流れこんでいた。古墳時代に至っても、関係は深まった。

ヤマト政権にとって伽耶諸国は生命線であり、伽耶にしても、富み栄えたがゆえに、他国の領土的野心を引きおこしやすく、しかも高句麗は南下政策を採っていたから、ヤマト政権の軍事力はなくてはならなかった。

ヤマト政権と伽耶は、持ちつ持たれつの関係にあったわけだ。夫婦の関係は、単なる同盟関係（裏切られることも想定される）とは、差がある表現だと思う。

バラバラだった外交によって任那は滅亡した

話はさかのぼる。任那日本府の謎を解いておきたい。

継体二十三年（五二九）春三月、百済王は穂積押山《ほづみのおしやま》（物部系）に、加羅の多沙津《たさのつ》（港）を譲ってほしいと伝えてきた。その場に、加羅王がいて、猛烈に抗議したため、王のいない場所で多沙津を百済に与えた。すると加羅王は激怒し（当然のことだ）、日本を恨み、新羅王の娘を娶り、子が生まれた。伽耶は日本が頼りにならないために、新羅に近づこうとしたのだろう。

このあと、伽耶と新羅はちょっとしたいさかいを起こすのだが、新羅は次第に、巧妙に、伽耶諸国を取り込んでいく。恭順してきた国の貴種たちを新羅の政権内部で重用したのだ。そこで、伽耶諸国は次第に、新羅に傾斜し、軍門に下っていく。ヤマト政権と百済から、離れていったのだ。

ヤマト政権と百済は、伽耶を復興しようと努めるが、安羅のヤマト王権の出先機関の日本府（任那日本府）が新羅と謀略を巡らせていったと『日本書紀』は言う（どういうことだ？）。

そこで欽明五年（五四四）十一月、百済は任那の官人と任那日本府の臣を呼び出し、任那諸国（伽耶諸国）を建て直すための会議を開いた。いわゆる「任那復興会議」だ。

この会議の中で、新羅と安羅の国境に城を造り百済と日本の兵で守り、敵の農地に妨害工作を行なうなどの策を定めたが、任那日本府は、なぜかこの会議の決定を無視したのである。

まだある。欽明九年（五四八）四月、高句麗の百済侵攻の際、安羅と任那日本府が救援に来なかったことを不審に思い、捕虜の高句麗兵を問いただすと、任那日本府と安羅がグルになって、高句麗に百済を攻めるようにそそのかしたという。もうこうなると、何が起きているのか分からなくなってくる。

そうこうしているうちに、欽明二十三年（五六二）正月、伽耶は全滅して新羅に併呑されてしまった。

ヤマト政権の失敗の本質は、明らかだ。ヤマト建国からこの時期に至るまで、朝鮮半島との通商と外交は、ヤマト政権中枢とは別に、それぞれの地域が独自に行なっていて、その弊害が、任那で炸裂したわけだ。つまり、『日本書紀』が「任那日本府」と言っている「出先機関」の実態は、ヤマト政権の親百済策（瀬戸内海政権的な発想）に逆らった別のグループ（親新羅派であり、日本海勢力的な発想）が、伽耶のいくつかの国と手を結び、「ヤマト政権内部の瀬戸内海系＋百済連合」に、刃向かい、独自の生き残り策を示したということだろう。ひょっとすると、なぜ継体天皇が必要になったかというと、このようなちぐはぐな二重外交の是正を期待したからかもしれない。

この時代の列島に、江戸時代の鎖国のような、幕府に統制された通商や外交という形はまったくなく、思い思いの津か潟《かた》（天然の良港）から、船を漕ぎ出し、交易をしただろうし、豪族たちは朝鮮半島の三韓の地域と「友好都市？」となり、手を結んで、時には共に外敵に立ち向かい、戦い、共栄のための戦略を練っていただろう。それは決して、ヤマト政権に邪魔立てされるものではなかったはずなのだ。

なぜここまで、朝鮮半島の情勢に首を突っ込んだかというと、六世紀から七世紀のヤマト政権が「中央集権化を急いだ」のは、このような「外交ですら統一できていなかった」ことによって、国益を著しく損なってしまったからだと理解できるからである。

祭司王だったヤマトの王は、朝鮮半島の緊迫化によって、東アジアで名を挙げ、雄略天皇は実権を握ろうと画策し、中央集権化の第一歩を記したのだ。ところが、雄略天皇を支えていたのはわずかな渡来系の有力者だけだったと『日本書紀』は証言し、しかも、雄略天皇は誤って人を殺してしまうこともあり、「大《はなは》だ悪《あ》しくまします天皇《すめらみこと》なり」と、罵られていたという。結局、雄略天皇の改革事業は成就せず、改革事業は六世紀に持ちこされ、さらに、「ヤマトの王のあり方」も、微妙に変化はしたものの、独裁権力を握るには至らなかったわけである。

そこで次章では、いよいよ飛鳥時代の中央集権化の道のりを追ってみよう。ここでヤマトの王の姿は、めまぐるしく変化していく。

第四章

飛鳥時代と蘇我氏の正義

継体天皇の出現は第二のヤマト建国

古代史の画期のひとつは、六世紀初頭の継体天皇の出現だ。第二のヤマト建国と言ってよい。

雄略天皇の「急ぎすぎた中央集権化」の結果、内政は混乱し、挙げ句の果てに、暴君・第二十五代武烈《ぶれつ》天皇を生み出した。酒池肉林をくり広げ、挙げ句の果てに、王統も絶えてしまったのだ。そこで、越で暮らしていた応神天皇五世の孫の男大迹王《おおどのおおきみ》（継体）に白羽の矢が立てられた。

ちなみに、武烈紀の記事は、訳して引用するのも恥ずかしくなるようなハレンチな内容だが、ほぼ中国の古典からのパクリで、現実に起きていた話ではなさそうだ。何かしらの混乱が起こっていたということだろう。天皇家の血の薄い人物を即位させた理由を、「ハレンチ王」に求めたということか……。

また、継体天皇は新王朝ではないかと騒がれたものだが、しっかり応神（神武）の血を引いていると思う（拙著『消された王権　尾張氏の正体』ＰＨＰ新書）。

さて、ヤマト建国時の東西の前方後方墳勢力と前方後円墳勢力の融合と離散の話をしておいたが、もうひとつ、ヤマト建国に裏側から貢献していた勢力があった。それが日本海側のタニハ（但馬《たじま》、丹波、丹後、若狭）だ。応神と継体は、このタニハと接点を持っている。

弥生時代後期に出雲は北部九州と手を組んで、日本海ぞいに、東に勢力を伸ばそうとした。これに立ち塞がったのがタニハだ。

タニハは何を目的に、西からの圧力をはね返したのだろう。朝鮮半島につながる航路を北部九州に塞がれていたため、これを解放する策を練ったようだ。そのために、近江と東海の発展を促し、彼らを奈良盆地に誘い込んだと思われる。タニハはヤマト建国のフィクサーだ。

また、あわてた吉備と出雲が、北部九州から手を切って、纒向に乗り込んできた可能性が高い。こうしておいて、タニハは、出雲や前方後方墳勢力の一部（近江と東海勢力）と共に北部九州に乗り込んだ（考古学の指摘に従っている）。ただ、北部九州支配に成功したものの、吉備を中心とするヤマトに裏切られ、タニハ系の貴種が、南部九州に逃れた。その末裔が神武であり、応神だった。

一方、南部九州ではなく、タニハや越に逃れた一派もあり、その末裔が継体天皇だったと筆者は見る（『任那・加耶の正体』河出書房新社）。

ヤマト建国前後の主導権争いで、北部九州に注力していた日本海勢力は没落した。逆に、瀬戸内海航路は栄え、五世紀の吉備は、ヤマトの王家とほぼ同等の規模の前方後円墳を造営するほど成長した。ヤマト政権は盤石な体制を確立したのだ。

ところが五世紀後半になると、中央集権化をめぐって混乱し、外交戦でつまずき、疲弊したヤマト政権は、「急速に発展しつつあった日本海」を頼った。これが、継体天皇出現に至る道のりである。

ちなみに、瀬戸内海政権の疲弊だけが、日本海勢力の発展の原因ではない。伽耶諸国のうち、内陸部の大伽耶が力をつけて、海岸線まで進出し、彼らが日本海勢力と手を組んだ気配がある。この結果、最先端の文物が、日本海側に流れはじめた。たとえば、新羅で盛行していた王冠も、ヤマトの王ではなく、日本海の王が、いち早く手に入れていた。

おそらく、中央集権化を推し進めようとする王家と、既得権益にしがみつく旧豪族の葛藤の末、旧豪族は、日本海の王を担ぎ上げ、手を組むことで、仕切り直しを画策したのだろう。日本海の富と先進の文物を取り込んだ上で、旧豪族の思い通りの政策を展開したかったのだろう。

旧政権の誤算

旧政権（瀬戸内海勢力）の誤算は、継体天皇が即位後淀川水系に二十年間居座り続けたことだ。なかなかヤマトに入らなかった。

一般的な解釈は、継体のヤマト入りを面白く思わない勢力が奈良盆地にたむろしていて、継体天皇はそれを排除するのに二十年を要したとする。

しかし、これは真逆である。継体が、淀川水系に留まりたかったのだ。

日本全体を見渡したとき、都にもっともふさわしかったのは、淀川水系だ。現在の京都市や大阪市で、日本海から送られた荷は、琵琶湖と宇治川を経由して巨椋池《おぐらいけ》（京都市伏見区・宇治市・久世郡久御山町。今は存在しない）という巨大なジャンクションにたどり着く。ここから木津川をさかのぼれば、ヤマト付近にたどり着く。丹波の亀岡盆地からタニハの荷も巨椋池に流れこむ。聖武天皇の紫香楽宮《しがらきのみや》の付近（三重県）から木材を川に流しても、一気に巨椋池に届く。集積された物資は、淀川を下って大阪と瀬戸内海に到達する。その逆も可能だった。

大阪が「天下の台所」と呼ばれたのは、淀川と瀬戸内海という水上交通のカナメを握っていたからだ。京都の巨椋池も、同様な意味を持っていた。継体天皇が求めたのは、この「地（水）の利」であった。

淀川水系は都にもっともふさわしい土地であったが、長い間敬遠されてきたのは、ヤマト政権が瀬戸内海勢力を中心に運営されていたからで、彼らは日本海を裏切り、日本海に恨まれていた。タニハ東南の隅・亀岡盆地は、京都市内を睥睨《へいげい》する（見下ろす）場所にある。瀬戸内海勢力は「巨椋池周辺の土地」が欲しかったが、ここに拠点を構えれば日本海勢力に狙われるという恐怖心があったのだろう。その点、日本海出身の継体天皇は、大手を振って歩ける場所だし、日本海勢力は、淀川水系を都にすることで、新たな体制が築けると意気込んでいたに違いない。

そう考えると、継体が淀川を離れヤマトに入ったことは、政治的な敗北を意味している。

すでに触れたように、日本海勢力は本来親新羅派で、瀬戸内海勢力は親百済派だから、伽耶を救うにしても、継体は新羅を中心に外交を展開しようと考えていたはずで、それにもかかわらず、即位後百済側への四県割譲（五一二）を容認し、息子が猛反発したのも、ヤマトに妥協する部分と妥協できない部分を、使い分けて、二十年間踏ん張り続けたと考えざるを得ない。

結局、継体天皇は旧体制に取り込まれてしまったのだろう。

とはいえ、継体天皇の遺志は、子供たちに託された。越にいたころ娶った尾張の目子媛《めのこひめ》との間に生まれた勾大兄皇子と檜隈高田皇子《ひのくまのたかたのみこ》が、順番に即位していく。それが、安閑天皇と宣化天皇だ。

尾張氏と言えば、ヤマト建国時の主導権争いの最後に敗れた人たちであり、中央政界から身を引き、東国に潜伏していたのだ。したがって、継体天皇の即位を一番願っていたのは、彼らかもしれない。継体天皇の出現はヤマト建国時、野に下った日本海勢力と東海勢力の敗者復活戦になったのだ。

ただし、安閑・宣化のあと、尾張系の王統は絶えてしまう。継体天皇が即位後、旧王家の娘を娶り生まれた欽明天皇が即位したからだ。これも、旧政権の巻き返しとみなすことができる。

継体朝はヤマト建国の敗者同盟？

継体天皇の登場とほぼ同時に台頭してきたのが、蘇我氏と阿部氏だ。阿部氏は越出身と考えられていて、また安倍晴明《あべのせいめい》の御先祖様たちだ。

蘇我氏も、継体天皇の過ごした越と無縁ではない。『国造本紀《こくぞうほんぎ》』には北陸周辺で、蘇我系の国造《くにのみやつこ》が任命されていたと記される。たとえば、三国《みくに》国造（福井県）、江沼《えぬ》国造（石川県）、伊弥頭《いみず》国造（富山県）の三ヶ所がある。また、三国と言えば、継体天皇の母親の故郷で、継体が育った場所であり、継体天皇は越で蘇我系の人脈に囲まれていたのだ。

蘇我氏の祖がスサノヲだったことはすでに触れているが（『日本書紀』は抹殺している）、スサノヲは「出雲に舞い下りたタニハの王」だ。弥生時代後期、出雲がタニハを圧迫したから、タニハはこれに抗い、先頭に立ち指揮したのがスサノヲだ。つまり、蘇我氏は日本海勢力の末裔である。

一般に、欽明天皇を推していたのは蘇我氏だったと考えられている。継体のふたりの尾張系の御子たちとは、相反していたというのだ。しかし、これは誤りだと思う。

古墳時代のヤマト政権の中心に立っていたのは物部氏で、彼らが瀬戸内海出身だったことは、すでに述べた通りだ。これに対し継体天皇は日本海の王であり、それを支えていたのが蘇我氏と阿部氏と尾張氏だった。

そもそも蘇我氏は、日本海だけではなく、東とも接点を持っていた。七世紀の蘇我氏は、飛鳥（明日香）の地で東国の屈強の兵士に守られていたし、蘇我氏全盛期、東北蝦夷《えみし》と朝廷が蜜月状態にあった。法興寺《ほうこうじ》（蘇我氏の氏寺）の西の広場で、蝦夷たちを盛んに饗応したと『日本書紀』は記録している。継体天皇や越と深くつながる阿部氏や蘇我氏は、日本海側の越の地で、「東」と太いパイプを持っていたのではないかと思えてくる。全員がヤマト建国時の敗者だった。

つまり、継体天皇の登場とは、ヤマト建国の「やり直し」だった可能性も、疑っておいた方がよい。誰かが仕掛けたのか、あるいは偶然尾張氏と婚姻関係を結んでいた日本海の男大迹王が、ヤマトに求められ、気づいてみたら敗者復活戦になっていたのか、記録が残っていないので推理するほかはないが、形の上では、ちょうどうまい具合に、ヤマト建国の立役者たちの三者「東海勢力（尾張氏）」「瀬戸内海勢力（物部氏）」「日本海勢力＝タニハ（蘇我氏）」が、揃った。混乱する政局を乗りこえ、流動化する東アジア情勢に対処するために、大同団結した可能性は高い。

このあたりの事情が明らかになってくると、ここから始まる「物部×蘇我戦争」の意味がはっきりとしてくる。

改革事業の先鞭をつけたのは聖徳太子?

六世紀半ば過ぎまで、ヤマト政権は朝鮮半島の動乱に振り回された。ヤマト建国の三つの勢力がヤマトに再集結したとしても、それぞれが思い思いに外交戦を展開していたと思われ、調整がつかないままに、伽耶の滅亡を招いてしまったのだろう。集まったまま統一された決断が下せなかったから、余計混乱を招いたのだろう。

だからこそ、伽耶滅亡という「苦い薬」がよく効き、中央集権化の必要性を自覚したに違いないのだ。ここに、ヤマト建国後初めて、統治システムの根底的で劇的な変化が求められたのだ。この過程で、「大王」と呼ばれていたヤマトの王は、「天皇」になる。何もかもが、刷新されていく。そして、改革の旗振り役は、蘇我氏だった節がある。

ただ、蘇我氏と改革事業の説明をする前に、ヤマト政権が推し進めた「中央集権化」の中身を、まず確認しておきたい。

中国の歴代王朝は、強い権力を握った皇帝を中心とした統治システムを構築した。秦の時代、律《りつ》（刑法）が編み出され、法治国家の産声を上げていた。漢の時代に入ると、律だけではなく令《りよう》（行政法）が生まれ、六世紀から七世紀にかけて、隋で律令制度が整えられた。そして唐の時代、律令・格式の法体系が整った。

『日本書紀』の記述に従えば、ヤマト政権の制度改革にまず乗り出したのは厩戸皇子《うまやと》（以下、聖徳太子）ということになる。推古十一年（六〇三）に冠位十二階を定め、身分制度を改めようとした。

聖徳太子は実力主義を導入しようとしたようなのだ。家柄にこだわらず、世襲を排し、小野妹子《おののいもこ》などそれまで大舞台で活躍できなかった人びとを重用して、高い位に引き上げている。

ちなみに、小野妹子は冠位十二階の最上位の大徳に抜擢されていた。さらに余談ながら、小野妹子が大徳の冠位を与えられたことを、『日本書紀』は記録しない。『日本書紀』の次の正史『続日本紀《しよくにほんぎ》』に、小野妹子の孫が亡くなったとき、「大徳冠《だいとくかん》妹子の孫」と記載されている。聖徳太子が小野妹子を高く買っていた事実を、『日本書紀』は、記録できなかったようだ。『日本書紀』が聖徳太子の業績を、本当は礼讃したくなかったからだろう。その理由は、これから少しずつ、解き明かしていく。

それはともかく、推古十二年（六〇四）に聖徳太子は憲法十七条を制定している。「憲法」と名付けられているが、これは「法律」というよりも、貴族や官僚たちに向けた道徳的規範で、のちの時代に成立される律令とは、異なる性格のものだ。七世紀前後のヤマト政権の試行錯誤の歴史とみなすことができる。改革事業の第一歩といえるが、本格的な律令整備は、ここから始まっている。

聖徳太子亡きあと、改革の流れは、おおよそ次のように進んでいく。乙巳《いつし》の変（六四五）の翌年の、大化二年（六四六）に改新の詔が発せられ、本格的な改革の烽火《のろし》が上がった。そして、近江令（六六八）、飛鳥《あすか》浄《きよ》御《み》原《はら》令（六九八）が制定され、律令制度が完成したのは、大宝元年（七〇一）のことになる。これが、大宝律令である。

天皇は独裁者？

ここで強調しておきたいのは、ヤマト政権は隋や唐の律令制度をお手本にして明文法を作りあげたが、日本的な法制度にアレンジしていることだ。

たとえば、神祇官を太政官と同等の位置に並べている。太政官は律令制の最高行政官庁で、唐では尚書省《しょうしょ》にあたる。現代風に言えば、内閣と国会だ。一方神祇官は、神祇行政を管轄した。神道の元締めだ。そして問題は、唐に神祇官に相当する役職がないことで、日本では神祇官を用意し、神祇祭祀を重視していたわけだ。これも、日本的な伝統と言って良い。

さらに、日本と中国の最大の差は、王（天皇）に実権を渡さなかったことだ。天皇の命令は絶対だ。しかし、それは原則として天皇の意思ではなかった。太政官が決議し奏上された案件を、天皇が追認するのである。

とはいえ、天皇が独裁権力を握ることがたびたび起きたため、「天皇は権力者かどうか」は、長い間謎だった。

天皇独裁の例を、いくつか挙げておこう。

律令整備にもっとも尽力したのは天武天皇（在位六七三〜六八六）で、壬申《じんしん》の乱（六七二）を制したあと、都を飛鳥に置き、皇親《こうしん》政治を展開した。天皇と皇族だけで政治を運営するという独裁体制だ。天武天皇はこの時、「神」と賞賛された。

ただ、その目的は、律令制度を完成させるためで、天武天皇の叔父の孝徳《こうとく》天皇が、改新の詔を発したあと、豪族（貴族）たちと共に律令を編もうとして失敗したから、その轍は踏むまいと思ったのだろう。

律令整備の最難関は、それまで各地の豪族たちが私有していた土地と民を国家（天皇）の元に集め、戸籍を作った上で、土地を再分配（貸し出し）することだった。また、土地と民を差し出した（強制的だが）豪族たちは、役職と官位が与えられ、サラリーが支給される。この律令整備に豪族たちが携われば、お互いを牽制し合い、利害が錯綜し、混乱が起きるのは、当然のことだった。そこで天武天皇は、乱を制した勢いを借りて、皇親政治を断行したわけだ。つまり、天武の独裁体制は、律令整備のための方便だった。

さらに、序章に登場した聖武天皇も、強い権力を駆使したひとりだが、その理由は、のちに説明する。

もうひとつ、決定的なのは、平安時代後期の院政であろう。天皇が譲位し太上《だいじょう》天皇（上皇・院）となると、独裁権力を握ったのだ。この院政のイメージが強烈に焼き付いてしまったから、天皇（太上天皇、院）は権力者だったと思われがちなのだ。

しかし、ここにも深い事情があったことは、終章で説明する。原則として、天皇は権力者ではない。祭司王であり、強大な権力を握った蘇我氏や藤原氏でさえ、天皇を潰そうとは思わなかった。入れ替わっても、何の得にもならないからだ。外戚の地位を確保できれば、それでよかったのだ。悪く言えば、天皇は傀儡《かいらい》（操り人形）である。

誰が物部氏を説得したのか

『日本書紀』は、改革事業の邪魔立てをしたのが蘇我入鹿で、彼を暗殺して、ようやく律令整備が整ったと記録する。しかし実際に律令が完成するのは大宝元年（七〇一）のことで、五十六年を要している。この間、何が起きていたのだろう。そしてなぜ、『日本書紀』は「蘇我入鹿を殺して律令制度は完成した」と、虚偽の記録を残したのだろう。

そこではっきりさせたいのは、乙巳の変（蘇我本宗家滅亡）と大化改新の真相なのだ。『日本書紀』の描いた大化改新の言い分は、以下の通り。

権力を握っていた蘇我氏が専横をくり広げ、王家を蔑ろにしたため（王家を乗っ取ろうとし）、蘇我入鹿を飛鳥板蓋宮大極殿《あすかのいたぶきのみやだいごくでん》で暗殺し、甘樫丘《あまかしのおか》で蘇我本宗家は滅亡した。その翌年大化改新の詔が発せられた……。つまり、改革事業の邪魔になった蘇我入鹿を滅ぼして、改革事業は整ったと『日本書紀』は主張している。

ただし、大化改新にはいくつもの疑念が生まれていて、『日本書紀』の記事を信じることができなくなってきたのだ。

まず、蘇我本宗家滅亡の直後に、一気に改革事業が進捗し、人びとは大いに喜んだと『日本書紀』は記録するが、邪魔者を消しただけで、律令制度が完成するはずがなかった。

すでに述べたように、律令最大の難関は土地と民を豪族から奪い取ることで、既得権益にあぐらをかいていたヤマト建国来の豪族（かつての地域ごとの首長や王たち）が、おいそれと土地と民を手放すわけがなかった。強制的に奪えば、反発しただろう。明治時代の廃藩置県よりも、抵抗は大きかっただろう。

そして、改革事業最大の難敵は、日本中に土地を持っていた古代最大の豪族・物部氏の存在で、誰が彼らを説得できるのかが、大問題だったはずだ。その、「どうやって、誰が、物部氏をいいくるめたのか」あるいは、「誰が、物部氏を締め付けたのか」に関して、『日本書紀』は何も語っていない。くどいようだが、古墳時代のヤマト政権の中心に立っていたのが物部氏である。

物部氏や多くの豪族を説得できなければ、律令が完成するわけがない。その肝心な手続き（根回し）と作業を、なぜ『日本書紀』は記録しなかったのだろう。『日本書紀』は、「物部氏はどうか知らぬが、蘇我氏が抵抗したではないか」と言いたげである。「蘇我氏が潰れたから律令制度は完成した」と言っている。しかし、これは、納得できない。蘇我氏を潰しても、強い大地主・物部氏が残っていたからだ。『日本書紀』の描いた蘇我本宗家滅亡事件にヒントが隠されていると思う。

蘇我入鹿暗殺後、中大兄皇子らの兵は蘇我蝦夷《えみし》（入鹿の父）の籠もる甘樫丘を包囲して殲滅するが、その時蝦夷や入鹿の子たちが、そこにいたのかどうかが分からない。蝦夷や入鹿の子供たちの人数や名前も分からない。『日本書紀』はただ、蘇我入鹿を殺したあと蘇我蝦夷も滅亡したと言っているが、「子や末裔はどうなったか知らない」と言いたげに、無視している。これも、奇妙だ。

蘇我入鹿の悪事

なぜ『日本書紀』は、「蘇我入鹿を殺したから、改革事業は一気に進捗した」と、大嘘をついたのだろう。

結論から言ってしまえば、乙巳の変（蘇我本宗家滅亡）は単純に要人暗殺であった。『日本書紀』は改革事業が目的だったと言うが、この説明は、後付けの弁明だった。

蘇我氏のヒエラルキーのトップを排除したからといって、広大な土地と民を私有する絶頂期の蘇我氏全体が、中大兄皇子らに靡いたという『日本書紀』の設定は、不自然だ。蘇我氏は、このあとも強い影響力を維持し続け、蘇我入鹿の遺志を継承しているように見える。

乙巳の変の直後に成立した孝徳政権は、蘇我系豪族や親蘇我派の豪族を大勢「入閣」させている。中大兄皇子は皇太子に、中臣鎌足は内臣《うちつおみ》に任命されたと『日本書紀』は記録するが、孝徳朝でほぼ活躍がない。孝徳天皇崩御のあと、中大兄皇子は皇太子なのに即位していないし、中臣鎌足に至っては、そもそもこの時代に「内臣」などという管職はないし、「内臣」は天皇の側近なのに、こちらも活躍がない。これは、どう考えても不可解だ。『日本書紀』は何かを隠して歴史をすり替えている。そこで、乙巳の変と大化改新について、おさらいしておこう。

さて、蘇我氏の専横を王家の危機と感じた中臣鎌足は、共に事を興すべき人物を物色し、中大兄皇子にたどり着いた。ふたりは意気投合し、蘇我入鹿暗殺の計画を練っていったという。

ならば、蘇我氏や蘇我入鹿がどのような悪事を働いていたのだろう。その専横の様子を、『日本書紀』の記事から抜粋してみよう。個条書きにしてみる。

①用明二年（五八七）、蘇我馬子《うまこ》は物部守屋《もりや》を滅ぼした。
②崇峻《すしゅん》五年（五九二）、蘇我馬子は、邪魔になった崇峻天皇に刺客を放ち、殺している。
③蘇我氏は物部氏の富を収奪した。
④皇極《こうぎょく》三年（六四四）十一月、蘇我蝦夷と入鹿が甘檮岡（甘樫丘）にそれぞれ家を建てた。蝦夷の家を「上の宮門《うえのみかど》」と言い、入鹿の家を「谷の宮門《はさま》」と呼んだ。
⑤皇極二年（六四三）、蘇我蝦夷は自身の祖廟《そびょう》（先祖を祀る御霊屋《みたまや》）を葛城の高宮に建て、八佾《やつら》の舞（横八列×縦八列、計六十四名による方形群舞）をした。また、豪族や上宮王家の乳部《みぶ》の民（一族の養育に従事する民）を徴用して、今来《いまき》（大淀町今木）に墓を造った。大きな陵《みささぎ》を蝦夷の墓に、小さな陵を入鹿の墓にした。上宮王家の姫のひとりは、「蘇我臣は国政をほしいままにして多くの無礼を働いた。天に二つの太陽はなく、国にふたりの王はいない」と憤慨。

⑥蘇我蝦夷は病気と称して参朝しなかった。勝手に入鹿に紫冠《しかん》を授け、大臣の位に擬した。

そして、蘇我入鹿の「悪」を、決定づけたのは、皇極二年（六四三）に勃発した上宮王家滅亡事件だった。蘇我入鹿は兵を斑鳩宮《いかるがのみや》の山背大兄王《やましろのおおえのみこ》の元に派遣し、一族滅亡に追い込んでいる。山背大兄王は聖者聖徳太子の子であり、ここに、聖者の末裔は蒸発するかのように消えてなくなったのだ。蘇我蝦夷でさえ、入鹿の行動を非難したと『日本書紀』は言う。

天皇を殺め、自身の邸宅を「ミカド（宮門）」と呼び、中国の皇帝のような行事を行ない、聖者の子や末裔を追い詰め、滅亡の原因を造った……。これらの蘇我氏の行動に、情状酌量の余地はない。

山背大兄王は聖徳太子の子ではない？

しかし、くどいようだが、『日本書紀』編纂の中心に立っていたのは藤原不比等で、中臣鎌足の子だ。藤原不比等は父親の業績を美化して礼讃しなければならなかった。そのために、『日本書紀』は編まれたのだ。とすれば、ありとあらゆる手段を駆使してでも蘇我入鹿を大悪人に仕立て上げただろう。『日本書紀』は、歴史の勝者の一方的な言い分なのだ。事実『日本書紀』の記事を先入観（中臣鎌足が古代史最大の英雄だという刷り込み）なしに読みなおすと、無数の疑念が浮かび上がってくるのである。

たとえば、上宮王家滅亡事件（六四三）がある。山背大兄王が蘇我入鹿の軍勢に追い詰められたとき、山背大兄王は別々に暮らしていたはずの親族をすべて呼び寄せて、死地に赴いている。この結果、聖徳太子の末裔はことごとく消えてしまった。ひとりも漏れなく亡くなるということが、本当に起きていただろうか。なぜ山背大兄王は一族を道連れにしてしまったのだろう。

事件現場の法隆寺《ほうりゅうじ》で山背大兄王を本格的に祀りはじめたのは平安時代になってからで、しかも一族の墓が、いまだにみつかっていない。蘇我入鹿悪人説最大の根拠である山背大兄王一族の悲劇であるならば、なぜ大きな陵墓を造り、祀らなかったのだろう。

無視できないのは、『日本書紀』が聖徳太子と山背大兄王の親子関係を明記していないことなのだ。あたかもそうであるかのように記しているにすぎない。平安時代に聖徳太子にまつわる金石文や伝承を集めた『上宮聖徳法王帝説』は、「のちの世の人びとが聖徳太子と山背大兄王の親子関係を疑うのは、不謹慎だ（よくもあらず）」と記している。この記事も、軽視できない。平安時代、聖徳太子と山背大兄王の関係を疑っていた人が少なからず存在していたことが分かるし、それを「馬鹿馬鹿しい」と一蹴するのではなく、「不謹慎だ」「良くないことだ」とたしなめているところに、『上宮聖徳法王帝説』の著者の「含意」を読み取りたいのである。聖徳太子と山背大兄王は、親子ではないのだろう。

ここでひとつの仮説を掲げておきたい。『日本書紀』編纂最大の目的は蘇我入鹿を悪人に仕立て上げることであり、そのためのカラクリが仕掛けられていたのではあるまいか。

近年の研究によって、蘇我入鹿や蘇我氏も改革派だったのではないかと考えられるようになった。さらに蘇我氏は外戚の地位を確保していたから、王家を潰す必要はなかったと考えられている。

ならば、なぜ蘇我入鹿は殺されなければならなかったのか、大いに疑問に思うのだが、それよりも大きな問題は、改革派だった蘇我入鹿を、『日本書紀』はどのようなカラクリを用いて大悪人にすり替えることができたのか、である。

そのトリックこそ、聖徳太子と山背大兄王ではなかったか。

中臣鎌足は百済王子・豊璋《ほうしよう》

藤原不比等の手口を、推理してみよう。

中臣鎌足は蘇我入鹿暗殺を積極的に推し進めたのだから、蘇我入鹿が改革派であれば、これは、改革潰しになる。だから当然のこととして、蘇我入鹿は大悪人で改革事業の邪魔立てをしたことにすり替えねばならない。そこで藤原不比等は、ひとりの蘇我系皇族を創作し、彼をこの上ない聖者に仕立て上げ、蘇我本宗家や親蘇我派の改革事業をすべてこの人物の仕業に見せかけ、その上で、蘇我入鹿が聖者（聖徳太子）の子や一族を滅亡に追い込むという、悲劇を編み出した……。比類ない聖人の罪もない一族を、蘇我入鹿が滅亡に追い込んだとすれば、誰もが蘇我氏を憎むだろう……。その上で、中臣鎌足が蘇我入鹿の改革事業の手柄を横取りする……。これが、藤原不比等が構築したトリックではなかったか。

そう考えると、なぜ山背大兄王が一族を束ねて死地に赴いたのか、なぜ上宮王家の墓がみつからないのか、すべての謎が解けてくる。聖徳太子も山背大兄王も、この世に実在したわけではない。

ならばなぜ、中大兄皇子と中臣鎌足は、蘇我入鹿を殺す必要があったのか。

まず、中臣鎌足からだ。結論から先に言っておくと、中臣鎌足は同時代に百済から人質として来日していた百済王子・豊璋ではないかとにらんでいる。百済は滅亡の危機に瀕していて、豊璋はロビー活動をくり広げ、全方位外交を展開する蘇我政権を潰す目的があったのだと思う。

中臣鎌足＝豊璋の証明は、それほど難しくない。

中臣鎌足が『日本書紀』に登場したのは、「神祇伯《じんぎはく》任命を固辞した」という場面だ。この時代、神祇伯という役職はなかったから、まず、不思議な記事と言って良い。しかも、中臣鎌足の父母の名が、『日本書紀』には記されていない。これも、不可解だ。正統な系譜が存在すれば、迷うことなく、ここに掲げただろう。

『東大寺献物帳《けんもつちよう》』に、百済の義慈王《ぎじおう》から内大臣（中臣鎌足）に贈られた、赤漆《あかうるし》の施された厨子《ずし》の記録が残されている。

これは、不思議なことで、義慈王と中臣鎌足に接点はないが、豊璋の父が義慈王だったことは、無視できない。

奈良時代に藤原氏が独裁権力を握ると、縄文時代から珍重されてきたヒスイ（勾玉《まがたま》）を、無視するようになった。三種の神器も二種の神器になり、ヒスイの勾玉（八坂瓊曲玉《やさかにのまがたま》）は、排除された。ヒスイは新潟県糸魚川市でとれる日本海の至宝であり、ヒスイ抹殺は意図的である。

しかも、平安時代になると、藤原氏は百済王家の神器（レガリア）である大刀契《たいとけい》を天皇家にあてがっている。

そして、中大兄皇子はのちに、白村江《はくすきのえ》の戦い（六六三）に向けて九州に出陣し、豊璋を百済に帰し、百済に救援の遠征軍を送り込み、大敗北を喫するが、この中大兄皇子の最大のピンチに際し、中臣鎌足は歴史から姿を消している。敗戦ののち、中臣鎌足はふたたび中大兄皇子の前に姿を現す。ここが、まず怪しい。

ところで『古事記』は親新羅を標ぼうする歴史書だが、『日本書紀』は、親百済の色合いが濃い。朝鮮半島南部の新羅と百済は、犬猿の仲で、百済を滅ぼしたのは、新羅と唐だから、百済滅亡後に記された二つの歴史書が、新羅と百済の双方に肩入れする意味は、とてつもなく大きい。藤原不比等以下、藤原氏が権力を独占していく時代が到来すると、朝廷は新羅を敵視するようになる。新羅系の渡来人は都から遠ざけられ、百済系が優遇されていく。藤原氏が強く即位を願った桓武天皇の母は、百済王家の出身だ。藤原氏は親百済を貫いた。それは、中臣鎌足が百済王子・豊璋だったからではあるまいか。白村江の戦いのあと日本に帰ってきた豊璋は、中臣鎌足に戻ったのだろう。

阿武山古墳は中臣鎌足＝豊璋説を補強する

中臣鎌足＝豊璋説を決定づけるのは、阿武山《あぶやま》古墳（大阪府高槻市）だ。

昭和九年（一九三四）四月、大阪府茨木市と高槻市にまたがる阿武山（標高二一四メートル）の山頂付近で、京都大学による地震観測施設建設に際し、偶然七世紀の古墳がみつかった。

この時代の墓としては珍しく、盛土をせず外から見ても、そこに古墳があることはまったく分からない。阿武山古墳の発見は、奇跡的だった。

そして漆塗りの棺の中にミイラ状の老人の遺体が横たわっていた。中臣鎌足有縁の地ゆえ、内務省は憲兵隊を派遣し、立ち入り禁止にしてしまった。天皇家にもっとも近しい一族の祖ゆえ、「不敬」と判断されたのだ。

この古墳の様式は、日本にはない。百済の都のあった公州《こうしゅう》扶余《ふよ》の陵山里《りょうざんり》(ヌンサンリ)古墳群にそっくりなものがあって、阿武山古墳は百済系と疑われている。

昭和五十七年(一九八二)に京都大学地震観測所の一室で、阿武山古墳の墓室と棺内部の写真、遺体のX線写真がみつかった。

阿武山古墳の遺体の年齢は、六十歳以下と推定された。これは、中臣鎌足の年齢と合致するし、さらに繍冠《しゅうかん》もみつかっている。

大化改新で作られた官位制度に従えば、位の高い者に繍冠が与えられた。これを獲得した人物は、ふたりいる。中臣鎌足と、百済王子・豊璋だ。繍冠の中でも最高の地位の者に与えられる帽子は「織冠《しょくかん》」で、中臣鎌足と豊璋には、この織冠が与えられ、また、繍冠全体で、下賜された者は、このふたりだけだった。つまり、どちらかが、阿武山古墳の主ということになる。『日本書紀』は、「豊璋は白村江の戦いのあと高句麗に逃れた」と言っているから、これを信じれば、この冠は中臣鎌足のものということになる。

なぜ、神話から続く中臣氏の鎌足が、百済系の墓に眠っているのだろう。それは、中臣鎌足と百済王子・豊璋が同一だったと考えれば、謎が解ける。

蘇我入鹿暗殺現場に居合わせた蘇我系皇族の古人《ふるひとの》大兄皇子は館に駆け戻り「韓人が入

鹿を殺した。胸が張り裂けそうだ‼」と絶叫している。

『日本書紀』に描かれた暗殺現場に「韓人」は見当たらず、通説は、外交問題の違いから、入鹿は殺されたと言っているのではないかとお茶を濁すが、はたしてそうだろうか。

蘇我入鹿暗殺後に即位した孝徳天皇が蘇我系を取り立てた話はすでにしてあるが、外交方針も、蘇我本宗家の全方位政策を継承し、盛んに唐と絆を結ぼうとしていた。このあと、百済は唐と新羅の連合軍に滅ぼされるのだが、孝徳政権が百済の窮状を無視したことは、中臣鎌足（豊璋）と百済にとって看過しがたい事態であり、それでも政権の方針を変えることができなかったのは、孝徳朝で中臣鎌足がまったく活躍できなかったからだろう。『日本書紀』は、この事実を隠すために、ありもしない「内臣就任」を記録したに違いない。

中臣（藤原）鎌足＝豊璋説にこだわるのは、古代史のみならず日本の歴史を俯瞰する上で、藤原氏の祖が百済王だったという事実が、大きな意味を持っているからだ。

中臣鎌足は蘇我入鹿を暗殺したが、入鹿の従兄弟の蘇我倉山田石川《そがのくらやまだのいしかわの》麻呂《まろ》も、滅亡に追い込み、屍を切り刻み、塩漬けにした可能性が高い（拙著『豊璋』河出書房新社）。この「政敵の死体を切り刻んで塩漬けにする」という風習「醢《すし》」は当時の日本にはなかったものだ。豊璋は白村江の戦いの際、優秀な部下があまりにも人気が高かったため嫉妬し、謀反の疑いをかけて殺し、屍を「醢」にした。中国の歴史書にも、敗者の屍を切り刻んで食すという人肉の風習が、数多く記録されている（『桑原隲蔵全集　第二巻　東洋文明史論叢』桑原隲蔵〈岩波書店〉）。

藤原不比等やその子らも、多くの皇族や貴族（豪族）を殺めている。実力のある政敵を、ことごとく排除した。平安時代の朝堂《ちょうどう》を藤原氏がほぼ独占したのは、藤原氏が渡来系だったことで、多くの貴種を血祭りに上げてしまったからだ。また、恨みを買っていたから、いったん野に下れば、どのような復讐を受けるか分からないという理由から、攻撃性はさらに先鋭化していったのだろう。

物部氏と蘇我氏はなぜ争ったのか

百済王子・豊璋はどうして「中臣氏」の系譜に紛れ込むことができたのだろう。そもそも中臣氏は何者なのだろう。

『日本書紀』は中臣氏の祖の天児《あめのこ》屋命《やねのみこと》がアマテラスの天の岩戸神話で忌部《いんべ》氏の祖の太《ふと》

玉命《たまのみこと》らと共に活躍したと記録する。また、『日本書紀』神代第九段一書第一には、ニニギが地上界に下りるとき、天児屋命は天太玉命《あまのふとたまのみこと》らと共に、随伴したとある。一方物部系の『先代旧事本紀』は、中臣氏の祖がニギハヤヒと共にヤマトにやってきたと言っている。『日本書紀』と『先代旧事本紀』の記事には差があるが、中臣氏の地盤は生駒山の西側で、物部氏と同じ河内に根を張っていたところに、大きな意味が隠されている。

物部氏は古墳時代をリードした一族で、前方後円墳の原型と特殊器台・壺を吉備から持ち込み、ヤマトの祭祀形態の基礎を築いた。中臣氏が河内に拠点を構え、神道祭祀に関与していたのは、『日本書紀』の言うような「天の岩戸神話で活躍したから」ではなく、神祇祭祀に強い影響力を持つ物部氏に仕えていたからだろう。

また、瀬戸内海勢力の物部氏は親百済派で、そのため、物部傘下にある中臣氏に、中臣鎌足は接触し、系譜の中に紛れ込んだのだろう。中臣鎌足は死の直前、「藤原」の氏名《うじな》（苗字）をもらい受け、末裔は藤原を名乗り、鎌足以外の中臣氏（本来の中臣氏）は、そのまま中臣を名乗っていく（「藤原」を名乗ることはできなかった）。そして律令完成後、藤原氏が太政官を、中臣氏が神祇官を支配していくようになった。

じつはこの「物部氏（瀬戸内海勢力）は親百済派」という一点に、物部氏と蘇我氏の相剋と融合の歴史の意味が隠されている。物部守屋滅亡事件（五八七）も、『日本書紀』は仏教導入をめぐるいさかいと記録するが、『日本書紀』は真相を語っていない。

仏教導入云々は表面上の問題であって、本来の争いは外交問題ではなかったか。

それは、瀬戸内海と日本海の地政学的な思惑の差でもあったし、先を読む眼力の差であったかもしれない。

迷走する東アジア情勢の中で、百済は風前の灯で、百済一辺倒外交を展開することは、もはや現実味がなく、百済と心中することになりかねなかった。だから蘇我氏は、隋や唐に使者を派遣し、またかつての宿敵である新羅や高句麗も、日本を頼って使者を送ってきたから、全方位外交を展開したのだ。

そう考えると、眼力の差と言うよりも、瀬戸内海政権は利権としがらみがあって、うまく立ち回れない状態に陥っていたのかもしれない。百済に「倭系官人」が存在していたことはよく知られているが、物部系が多かったのだ。

皮肉なことに、六世紀の伽耶滅亡が、日本外交には良い意味で転機になった。統一された外交戦略の必要性を痛感したのだろう。

さらに、中国が久しぶりに隋や唐に統一されたことで、高句麗は脅威を感じ、ヤマト政権を頼ってきて、東アジアで日本が存在感を増していたのだ。ここで、百済一辺倒は、ありえない。物部氏の外交方針は、もはや時代後れだったのだ。

『元興寺《がんごうじ》伽藍縁起《がらんえんぎ》 幷《ならびに》 流記資財帳《るきしざいちょう》』に登場する謎の大々王

『日本書紀』の記事を読む限り、物部守屋の滅亡によって物部氏そのものが壊滅的なダメージを受けたと思われがちだが、物部系の歴史書『先代旧事本紀』は、物部守屋を傍流と位置づけて本宗家はしっかり生き残ったと記しているし、物部守屋が聖徳太子や蘇我馬子に滅ぼされたという『日本書紀』の記事を無視している。事件を記録していないし、蘇我氏を糾弾してもいない。

物部守屋滅亡事件は、物部氏が被害者なのだから、『先代旧事本紀』は蘇我氏を非難してもおかしくなかった。『日本書紀』が「蘇我氏は大悪人」と唱えてくれているのだから、悪態をつくことも可能だった。ところが、物部守屋と蘇我馬子の争いにまったく触れていない。つまり少なくとも、物部氏の本宗家そのものは、蘇我氏と争っていなかった可能性が高い。

興味深い史料がある。それは元興寺《がんごうじ》（奈良県奈良市。元々は蘇我氏が建立した日本初の法師寺・飛鳥の法興寺。今の飛鳥寺）が朝廷に提出した『元興寺伽藍縁起幷流記資財帳』で、そこには、『日本書紀』とは異なる伝承が載り、物部氏と蘇我氏の仏教導入をめぐるいさかいの物語を利用して、物部氏と蘇我氏の本当の関係を暴露している。

まず、「大々王」という謎の女傑が主人公で、さらに聡耳《とみみ》皇子（聖徳太子）が登場する。彼らの仏教導入時の苦難の歴史が記されている。

大々王は敏達天皇の皇后で等由良《とゆら》の宮（豊浦宮《とゆら》。奈良県高市郡明日香村）で天下を治めていたとあるため、推古天皇を指していると一般には考えられている。しかし、『日本書紀』の示す推古天皇と『元興寺伽藍縁起幷流記資財帳』の大々王は、いくつかの点で、差がある。

まず第一に、大々王は聖徳太子に向かって「わが子」と呼んでいる。それを強調するように『元興寺伽藍縁起幷流記資財帳』は、聖徳太子を「大王」とも言っている。「大々王の子は大王」という図式だ。それだけではない。大々王は物部氏たちに向かって、「わが眷属《けんぞく》（一族）よ」と、呼びかけている。

『日本書紀』の推古天皇は厩戸皇子の叔母で、ふたりは親子ではない。推古天皇の父は欽明天皇で、母は蘇我堅塩媛《きたしひめ》（蘇我稲目《いなめ》の娘）だから、物部氏とは血縁関係にない。

大々王は物部氏ら排仏派を集めて、説き伏せたと『元興寺伽藍縁起幷流記資財帳』は記録する。

「あなたたちは愚かで邪な誘いに乗って、三宝《さんぼう》（仏法）を破滅焼流してしまった。これ以降、仏法を二度と破らず、流さず、裂かず、焼くべからず。仏法の褒美を、頂戴しようではないか」

と告げた。すると、みなかしこまり、大々王の言葉に従ったという。

もちろん、このような話は、『日本書紀』には載っていない。また、ここで注意しなければならないのは、大々王が、「わが眷属」と呼びかけ、「父母六親眷属」ともなっていて、父母も含まれていることだ。推古天皇の父母は、すでに述べたように物部系ではない。この大々王の謎を、どうやって解けば良いのだろう。鍵を握っているのは「物部系の女傑」と蘇我氏のつながりだと思う。

『日本書紀』が抹殺した物部系の女傑

ヒントはいくつもある。まず第一に、『日本書紀』に気になる記事が散見できる。崇峻即位前紀に、物部守屋が滅びたのは、蘇我馬子に嫁いだ物部系の嫁の企みがあったからだと言い、「馬子はみだりに妻の計略を用いて、大連《おおむらじ》（守屋）を殺した」とある。また、『日本書紀』皇極二年（六四三）十月条に、蘇我入鹿の弟を「物部大臣」と呼び、大臣の祖母は物部守屋の妹だとある。母方の財力があったから、蘇我氏の権勢があったという。

『日本書紀』は、物部守屋の妹のおかげで、蘇我氏が全盛期を迎えることができたというのだ。物部守屋の妹は、物部氏を裏切ったのだろうか。そしてなぜ、物部系の女性が、蘇我氏に肩入れしたのか。どうにもよく分からない。

『先代旧事本紀』にも、同時代の謎の物部系の女傑が登場する。それが、物部鎌姫大刀自連公《かまひめのおおとじのむらじきみ》だ。ほとんど無名だが、無視できない。というのも、『日本書紀』に言う物部守屋の妹にそっくりだからだ。

『先代旧事本紀』は物部鎌姫大刀自連公が宗我嶋大臣《そがしまのおおおみ》（蘇我馬子）の妻で、子が豊浦大《とゆらのおお》臣《おみ》だったと言い、豊浦大臣の別名は入鹿だったと言っている。また、物部鎌姫大刀自連公は「参政《まつりごとあずかり》」になって神宮を斎奉《いつきまつ》ったという。国を代表する巫女になって、朝廷に助言（しかも神の言葉）を行なっていたのだろうか。

　ここでふたたび『元興寺伽藍縁起并流記資財帳』に登場した「大々王」に注目してみよう。彼女は物部氏を「わが眷属（一族）」と呼び、聖徳太子に「わが子よ」と語りかけていた。

　すでに述べたように、「蘇我系皇族・聖徳太子」は蘇我氏を大悪人に見せかけるためのカラクリであり、蘇我氏の手柄をすべて聖徳太子にかぶせ、聖徳太子の子や一族を蘇我入鹿が滅ぼすことで、蘇我氏が大悪人になった。しかし、これは偶像であり、とすれば、大々王が語りかけた「わが子」は聖徳太子ではなく、蘇我馬子の子・豊浦大臣であり、それが蘇我入鹿ではなかったか。つまり、『先代旧事本紀』の物部鎌姫大刀自連公と『元興寺伽藍縁起并流記資財帳』の大々王、物部系のふたりの女傑は、同一人物であろう。

　そして、何が言いたかったかというと、六世紀後半から七世紀にかけて、物部氏と蘇我氏は、ヤマト建国以来のわだかまりを捨て、手を組んだのではなかったか。また物部氏は、広大な土地と民を朝廷に差し出すことを決め、蘇我氏と共に、中央集権国家づくりに邁進することになったのではなかったか。その架け橋となったのが物部系の歴史から消し去られた女傑だった……。

もちろん『日本書紀』は「物部氏と蘇我氏が改革事業の旗振り役だった」とは記録できずに、蘇我馬子が中心になって物部守屋を攻め滅ぼしたこと（最大の手柄をあげたのは聖徳太子だが）、その計略を馬子に授けたのは守屋の妹だったと言い、蘇我氏はこのあと、物部氏の財を奪い取ったかのように記録したのだ。しかしそれなら、まさに『先代旧事本紀』は蘇我氏に対する恨みつらみを書き残しただろう。それをしなかったのは、『日本書紀』の記事が蘇我氏悪役説を証明するカラクリのひとつになっていたからだろう。

ちなみに聖徳太子は斑鳩に法隆寺（創建法隆寺＝若草伽藍）を建立したと『日本書紀』は言うが、斑鳩は物部系の土地であり、蘇我氏が物部氏の土地に巨大寺院を建立し、それが両者和解のシンボルになったのだろう。

そして、律令整備の本当の立役者が、蘇我氏と物部氏だったことが、ここにはっきりと分かるのである。

壬申の乱（六七二）と蘇我氏

律令整備は大化改新（六四六）で整ったわけではない。紆余曲折を経て、大宝元年（七〇一）に完成した。大宝律令だ。大化改新から五十年以上かかってしまった。

改革事業の英雄と言えば、中大兄皇子と中臣鎌足だったが、彼らはむしろ改革潰しをしでかしたのであって、中臣鎌足（豊璋）は政権の外交方針に不満があった（既述）。中大兄皇子は、弟（と『日本書紀』は言う）の大海人皇子の出来が良すぎたための嫉妬と、蘇我氏が大海人皇子を推していたから、大海人皇子の即位を邪魔するために、蘇我氏を潰そうと考えた（拙著『蘇我氏の正体』新潮文庫）。

中大兄皇子と中臣鎌足のコンビは、その後も手を組み、百済救援を実現させた。とはいえ、唐と新羅の連合軍に、敗れた。

中大兄皇子は近江に逃げ、そこで即位して、大海人皇子を皇太子に据えた。大嫌いなライバルの大海人皇子だったが、大海人皇子を推す蘇我氏や親蘇我派（物部氏も含まれる）を引き込まなければ、政権運営は成り立たなかった。大海人皇子と親蘇我派は、唐と新羅が攻め込んでくるかもしれないという緊急事態ゆえ、中大兄皇子（ここで即位して天智天皇）の申し出を呑んだ。近江朝は、親蘇我派の重臣で固められた。これは、妥協の政権というしかない。

天智天皇は晩年、大海人皇子に禅譲しようとしたが、身の危険を察した大海人皇子は、出家して奈良の吉野に逃れた。天智天皇が崩御すると、天智の子の大友皇子と一触即発状態に突入し、大海人皇子は数名の舎人《とねり》（下級役人）たちと共に東国に逃れ、乱が勃発した。これが壬申の乱（六七二）だ。

常識で考えれば、大海人皇子に勝ち目はなかった。しかし、蓋を開ければ近江朝を圧倒してしまった。

最大の理由は、大海人皇子が親蘇我派だったこと、民衆が蘇我氏を支持していたことであろう。これまでの常識とは真逆だが、天智天皇と中臣鎌足は人気がなかった。改革派の蘇我入鹿を暗殺し、政権の外交方針を大転換させ、白村江の戦いに突き進んだ責任は大きい。日本はこの時、滅亡しかけたのだ。民衆が支持するわけもなかった。

中大兄皇子が近江に逃げるように遷都したとき、非難されていたようだ。額田王《ぬかたのおおきみ》は「やってられない」と言いたげな歌を『万葉集《まんようしゅう》』に残し、『日本書紀』は、放火などが起きて不穏な空気が流れていたことを認めている。

ちなみに、『日本書紀』編纂の中心に立っていた藤原不比等は、中大兄皇子をかばおうなどとはサラサラ考えていない。遠征の責任はすべて中大兄皇子にあるというスタンスだ。

そして、大海人皇子勝利の理由は、まだいろいろある。近江朝の重臣に取り立てられていた蘇我氏や親蘇我派が、大友皇子を裏切ったこと（最初から大海人皇子を支持していた）、大海人皇子が東国に逃れたとき尾張氏が真っ先に加勢してくれたことだ。

よくよく考えてみれば、壬申の乱で大海人皇子に荷担したのは、「継体天皇を担ぎ上げた人びと」だったことが分かる。大海人皇子の「大海」は、尾張氏と縁の深い大海（凡海《おおあま》）氏とかかわり深いとされていて、蘇我氏や尾張氏が、継体天皇の遺志を継承し、「中央集権国家の建設」を目論んでいたことが、これで分かる。しかもそれは、中国の律令制度をコピーすることではなく、日本的な律令制度の導入である。

天武天皇の崩御と大津皇子暗殺事件

乱を制した大海人皇子は、都を近江の大津宮（大津市）から飛鳥に戻し、即位した。天武天皇の誕生だ。天武は皇族だけで政務を取りしきる独裁体制を固めた。これが「皇親政治」で、諸豪族たちの合議に委ねていては、律令整備は進捗しないと考えた天武天皇の英断だった。

天武天皇はブルドーザーのように律令整備に邁進したが、朱鳥元年（六八六）、志半ばで崩御（天皇の死）。ここで、歴史が大きくうねりはじめる。

直後、大津《おおつ》皇子が謀反《むほん》の嫌疑をかけられ、翌日刑死した。皇后の鸕野娑羅羅《うののさらら》と藤原不比等の陰謀だった。邪魔になった大津皇子は、藤原氏お得意の方法で消されたのだろう。『日本書紀』は天武の皇太子は鸕野娑羅羅の子の草壁皇子だったと記録する。大津皇子は文武両道に秀で、草壁皇子のライバルだった。鸕野娑羅羅は大津皇子を危険視したのだろう。

ただし、本当は大津皇子が皇太子だったのではなかったか。

日本初の漢詩集『懐風藻《かいふうそう》』は、大津皇子を「太子」と呼ぶ。これは皇太子を意味する。『万葉集』は、題詞と隠語を駆使して、蘇我氏が大津皇子を支持していたことを伝えている。蘇我氏や親蘇我派はこの時代、まだ政権の中枢を形成していた。だから『万葉集』の暗示は、大きな意味を持っている。

草壁皇子はこのあと三年間即位できず亡くなる。謎めくのは、『日本書紀』が草壁皇子の所在地（宮）を記録しなかったことだ。ただし『続日本紀』が「岡宮にいた」とついうっかりしゃべってしまったがために、草壁皇子の本当の立場が露顕している。岡宮は今の岡寺（明日香村岡）で、飛鳥の中心部から離れた「砦のような高台」に位置し、この住処を『日本書紀』が隠匿したということなら、鸕野娑羅羅と草壁皇子が政権に近づけなかったことを意味している。それほど、岡寺に向かう坂道は険しいし、この道は中大兄皇子と中臣鎌足が蘇我入鹿暗殺の密談を重ねた藤原氏のアジト・多武峰《とうのみね》に通じている。

蘇我氏が推す大切な大津皇子を、鸕野娑羅羅と藤原不比等は、陰謀で抹殺してしまったのだ。草壁皇子が即位できるはずもなく、支持する者も、ごく一部だっただろう（藤原不比等ひとり？）。

ところが、草壁皇子が亡くなると、どうしたことか、鸕野娑羅羅が即位して持統天皇になる。『日本書紀』は、天武と持統はおしどり夫婦だったから当然のこと、と説明するが、ふたりの仲を『日本書紀』は強調しすぎている。これが、怪しい。

大津皇子暗殺が古代史の大きな節目となった

くどいようだが、大津皇子刑死（合法的な暗殺？）という暴挙をしでかした持統が、なぜ即位できたのだろう。おそらく「皇親体制下の特殊事情」だったと思われる。

持統天皇は即位後、異常な回数の吉野行幸をくり返し、とてもではないが「律令整備に忙殺されている為政者」には見えない。その代わり、天武の長子の高市《たけち》皇子が太政大臣となって実権を握り、父の遺業を継承していたようだ。律令制度の根幹をなす都城《とじょう》建設も、高市皇子の指揮のもと、進捗していた。実権を握っていたのは高市皇子であり、ここに、「混乱期の妥協」が見え隠れする。持統天皇は祭司王に徹することを条件に、即位したのではなかったか。

あるいは……。『懐風藻』は持統天皇を「皇太后《こうたいごう》」と呼んでいる。一方天智天皇を『懐風藻』は「淡海帝《おうみ》」、天武天皇を「浄御原帝《きよみはら》」と、「帝」の称号を副えて呼んでいる。持統天皇だけ「皇太后」と言うのであれば、これは意図的であり、持統天皇は即位できなかった可能性を疑っておきたい。理由は草壁皇子と同じだ。誰も支持する者がいなかったからだろう。『扶桑略記《ふそうりやっき》』には、持統天皇は藤原不比等の私邸を宮にしたと記録され、ここに、『日本書紀』によって抹殺された歴史を想定しておきたいのである。

ところで『日本書紀』は、持統天皇が孫の軽皇子に王位を禅譲した場面で筆を擱《お》く。また、持統天皇の謚号は「高天原広野姫天皇《たかまのはらひろのひめのすめらみこと》」で、アマテラスのイメージだ。

アマテラスは地上界の支配を孫のニニギに託していたが、持統とアマテラスは、ここで重なってくる。これは『日本書紀』にこしらえた藤原不比等の創意工夫であり、持統天皇(即位していない可能性もあり、天皇を「自称」していたかもしれないが)から孫への地上界の支配権の禅譲であり、『日本書紀』の中で、神話は二回くり返されていたことになる。ニニギと軽皇子(文武天皇)の降臨が、日本の歴史の始まりだと、『日本書紀』は言っている。

持統天皇は天智天皇の娘で、持統天皇と藤原不比等のコンビは、中大兄皇子(天智天皇)と中臣鎌足のコンビの再来であり、持統天皇の禅譲によって、いつの間にか「親蘇我派天武王権」は、観念上の「親藤原派天智王権」に入れ替わってしまったわけだ。

この持統天皇の「子や孫を即位させたい」という私利私欲が、古代日本の進むべき道を変えてしまったのだ。大津皇子暗殺事件は、想像以上に大きな影響を残してしまったのである。

そしてここから、藤原氏の暴走が始まる。性善説が通用した多神教的な風土と古き良き時代は、藤原氏によって台無しにされてしまったのである。

そして天皇のあり方も、大きく変貌していった。

第五章

奈良時代 律令制度と天皇

文明と非文明（野蛮人）の争い

奈良時代は、藤原氏が独裁権力を固める時代であり、他の貴族（旧豪族）が、次々と蹴落とされ、埋没していった。

藤原氏が百済王家の末裔だったことは、先述した阿武山古墳が証明している。ここが中臣鎌足の墓であったことは、通説もほぼ認めているが、「なぜ百済王家の埋葬文化を踏襲しているのか」には、ほとんど言及しない。古代史のタブーと言ってよいのかもしれない。それこそ、憲兵隊が飛んでくる？　いやいや、戦後日本にも、近代日本が構築した華《か》族《ぞく》制度の名残があり、藤原氏を中心とした閨閥《けいばつ》は立派に生きていて、各方面に影響力を及ぼしている。ちなみに、元首相・細川護熙《もりひろ》の母親は、五摂家筆頭・近衛《このえ》氏の血を引いている。

くどいようだが、藤原氏は百済王家の末裔である。大陸や朝鮮半島の論理から言えば、「やらなければやられる」のであり、島国育ちのもやしっ子のような古代日本の為政者の掲げた「性善説」は、お笑いぐさだっただろう。そこにつけ込んで、藤原氏は暗殺と陰謀を駆使して、権力者の地位に登りつめ、外戚となって天皇を傀儡にし、一党独裁体制を構築したわけだ。

藤原氏と旧豪族層の主導権争いは、藤原氏のひとり勝ちに終わったが、現代的価値観で言えば、「文明」と「非文明（野蛮）」の争いでもあったように思う。大陸的で文明的で一神教的な正義と、島国的で非文明的で多神教的な「曖昧な価値観」の衝突であり、文明が勝利した。だからといって、「文明を尊ぶべきだ」と言っているのではない。文明人が文明に抗う野蛮人を見下す行為こそ、じつに野蛮である。岡倉覚三の言う通りだ。

専横をくり広げたと『日本書紀』に非難された蘇我氏も、最盛期に独裁権力を行使していたわけではなく、合議を尊重していた（『日本書紀』）。また、ひとつの「氏」からひとりの議政官という不文律も、守られていた。だからこそ、蘇我氏は支持されていたのだ。

じつは、日本で完成した律令（「刑法」と「行政法」）も、天皇の独裁権力を認めず、太政官内部の合議を尊重していた。すでに触れたように、太政官で決定した案件を奏上し、これを天皇が追認し、文字化されて御璽《ぎょじ》が押され、各地に伝達された。「天皇の命令は絶対だが、だからといって天皇の意思ではなかった」のである。

ところが、藤原氏は律令制度を悪用し、独裁権力を握るようになった。壬申の乱で一度没落した藤原氏が、不死鳥のように甦ったのは、日本が律令整備に奔走し完成させる時代だったからで、藤原不比等は千載一遇のチャンスを逃さなかったのだ。この結果、平安時代になると、「藤原氏だけが栄えて民は苦しみ続ける」という、かつてない悲惨な思いをしていくことになった。

それにしても、なぜ藤原氏の暴走を、誰も止められなかったのか。貴族（旧豪族）は、手をこまねいて見ていただけなのだろうか。

藤原氏がいかにして独裁権力を握るようになっていったのか、その過程を追ってみよう。

律令を悪用した藤原氏

七世紀末のことだ。藤原不比等は律令を編む役人となって奔走した。それまで日本には、明文法がなく、近江令（六六八）や飛鳥浄御原令（六九八）など、徐々に行政法（令）が編まれ、最後に刑法（律）が整えられ、大宝元年（七〇一）に大宝律令が完成した。平城京遷都（七一〇）の九年前のことになる。

法律は、文言が完成しただけでは意味がない。どの程度の罪を犯したら法の網をかけるか、罰はどの程度が適当なのか、その判断を示さなければならない。だから最初は、法を作った人間が解釈し、裁判官の役割を担う。つまり、藤原不比等は法を作り、法の番人になったわけだ。法治国家になりたての当時、ある意味、無敵の存在になったのである。

ところで、日本の律令には、抜け落ちた規定がある。「天皇」を省いているのだ。「皇后」の地位も曖昧だ。

ちなみに、もっとも分かりやすいのは衣服令《いふくりょう》で、中国の律令では、天子の衣服にまつわる規定を用途ごとに示しているのに、日本の場合、皇太子とそれ以下の者たちの決まりはあるが、天皇の服装の規定を省いている。

なぜ、律令に天皇にまつわる規定が記されなかったのだろう。天皇や皇后という、もっとも重要なポジションなのに、どちらも、「どういう条件を備えていれば、その立場に立てるのか」さえ、明記されていない。じつに危ない法体系だった。

おそらく、藤原不比等が意図的に明文化しなかったのだろう。「天皇が中国の皇帝のように実権を握れるのなら、王権を簒奪する価値が出てくる」と、夢想していた可能性も高く、だからこそ律令に、「天皇になる資格」を、明記しなかったのではなかったか。

藤原不比等の権力に対する執念は、度を越していた。藤原不比等は律令の番人になることによって、大きな発言力を持ったが、それだけで満足していなかった。富を得て旧豪族の力を削ぐことも、忘れていなかった。

物部氏のように広大な土地を持っていなかった藤原氏は律令ができて、他の大勢の「土地を手放した貴族たち」と、出世競争の同じスタートラインに立つことができたのだ。その上で、藤原氏は、禁じられているはずの土地私有に奔走していく。

律令制度のベースは土地制度で、すでに説明したように、各地の旧豪族が私有していた土地と民を国家が吸収し、民に貸し出し（公地公民）、民に税と労役を課す。この結果、土地と民を私有することで発言力を確保していた諸勢力は、朝廷の下す人事（建前上は、天皇から下される）に、一喜一憂するようになったのだ。こうして地方分権制は崩れ、中央集権国家が誕生したのである。

ここで、「一度没落して富も地位もなくした藤原不比等」が台頭する下地は出来上がった。律令の不備や矛盾を放置し、重税に喘ぎ借金に苦しむ民が手放した土地を、藤原氏が手に入れていった。

また、律令制度が整った段階で太政官に実権が渡る手はずだったが、皇親政治の名残りがあって、「どの段階で完ぺきに権力を太政官に返すか」を、決められずにいた。もちろん、藤原不比等がこの状態を放置した可能性が高い。

この権力の所在が曖昧な段階で、藤原不比等は文武天皇を手懐け、元明《げんめい》や元正《げんしょう》といったふたりの女帝を中継ぎに立て、孫の首皇子《おびとのみこ》（聖武天皇）の成長を待った。初の外戚の地位を確保しようと目論んだのだ。権力を持っていた天皇を傀儡にすることで、藤原氏は打出の小槌を獲得するのである。

くり返すが、藤原不比等は、律令整備という歴史の大転換期だからこそ、権力を手に入れることができた。律令と天皇を政治利用（悪用）し、旧豪族を煙に巻いたのだ。藤原不比等はこの時期に現れなければ、出世できなかっただろうし、藤原氏の繁栄はなかっただろう。そう考えると、藤原不比等を寵愛し大津皇子を殺した持統天皇の罪は深い。

藤原氏は、天皇や皇后の地位をあやふやにし、本来なら皇后（正妃）の地位は皇族に限るという不文律があったのに、律令の規定の隙をつき、聖武天皇が即位したあと、藤原不比等の娘の光明子を皇后位につけた。

藤原不比等の願いは、次々と叶い、ここから、藤原氏のやりたい放題が始まっていく。

殺されるべくして殺された？　長屋王

話は少し戻る。平城京遷都の時点で朝堂のトップに立っていたのは左大臣の石上《いそのかみ》（物部）麻呂だった。律令整備のために、全国の土地を国に差し出した功績を、物部氏は認められたのだろう。この時の二番手が、右大臣の藤原不比等である。

問題は、石上麻呂が、旧都（新益京《あらましのみやこ》。藤原宮）の留守役に命じられ、平城京に移ることができなかったことだ。ナンバー二の藤原不比等の陰謀だろう。物部氏は、こうして梯子をはずされ、捨てられた。無残なことではないか。

藤原不比等の死後、四人の息子が、藤原氏独裁体制の構築を目指した。これが藤原四子（武智麻呂《むちまろ》、房前《ふささき》、宇合《うまかい》、麻呂《まろ》）で、のちに藤原四家（武智麻呂の南家、房前の北家、宇合の式家、麻呂の京家）を形成していく。

多くの貴種が藤原氏の魔の手にかかり、徐々に劣勢に立たされる中、立ちはだかったのが、長屋王《ながやおう》だった。高市《たけち》皇子の子で、天武天皇の孫にあたる。妃は吉備内親王《ないしんのう》で、彼女の血脈が見事だった。父が草壁皇子。母が元明天皇、姉弟に元正天皇と文武天皇がいた。華麗なる血脈であり、彼女自身も即位可能だったし、長屋王との間に生まれた子も大勢いて、こちらも皇位継承候補にふさわしかった。首皇子《おびと》（聖武天皇）の即位と光明子《こうみようし》の立后が悲願だった藤原四子にとって、長屋王は、邪魔でしかたなかった。しかも、長屋王は反藤原派の旗手に担ぎ上げられていた。

長屋王は、殺されるべくして殺されたのだ。冤罪だったことは、正史『続日本紀』も認めている。しかも、一家全滅で、嫁いでいた藤原氏の女性とその子だけ、許された。

きっかけとなったのは、ひとつの些細な事件だった。

聖武天皇が即位した二日後の神亀《じんき》元年（七二四）二月四日、次の勅が発せられた。

勅して正一位藤原夫人《ふじわらのぶにん》を尊《とうと》びて大夫人《だいぶにん》と称《もう》す。

藤原夫人とは、聖武天皇の母・宮子《みやこ》のことだ。

聖武天皇の母に尊称を授けようという変哲もない勅だ。しかし、三月二十二日、長屋王が異議を申し立てたのだ。内容は、以下の通り。

「『公式令《くうじきりよう》』の規定では、天皇の母の称号には皇太后、皇太妃、皇太夫人があって、上から順に、皇后、皇族出身の妃、豪族出身の夫人を指して呼んでいます。これに照らし合わせれば、藤原夫人は皇太夫人と呼ぶべきで、勅に従えば皇の字が欠け、逆に法に従えば、大夫人と称すること自体が違法になります。われわれは、勅と法のどちらを守ればよいのでしょう」

つまり、「令」には「大夫人」という尊称は、どこにも記載されていない。したがって、天皇の命令を受け入れるべきか、あるいは法律に則るべきか、はっきりしてほしいというのだ。長屋王の言っていることが正論だったから、朝廷は困惑した（朝廷と言うよりも藤原氏）。

結果、次の訂正が出された。

「文書で記すときは皇太夫人とし、呼ぶときは大御祖《おおみおや》とするように」

というのである。

なぜこのような奇妙な勅が発せられ、わざわざ長屋王は噛みついたのだろうか。

一般的には、光明子を正妃の地位に引き上げるための下準備だったと言われている。すでに述べたように、皇后位は皇族という不文律が存在したが、天皇の勅さえあれば、それを覆せるという目論見があったという。

また、こんな推理もある。長屋王は皇親体制にあぐらをかいていて、利権を守るために、足掻いてみせたというのだ。しかしこれは、大きな間違いだ。長屋王は、「もう、皇親政治をやめよう」「天皇に与えられた権力を太政官に戻そう」と、必死に訴えていた気配がある。

冤罪で長屋王一家は滅ぼされた

話は少しさかのぼる。養老四年（七二〇）八月、右大臣藤原不比等（左大臣不在だから、実質上のトップ）が死に、次席の地位にあった長屋王が、自動的に朝堂の頂点に立った。すると翌年十月、元正天皇は藤原房前に、次の詔を発した（藤原氏が仕組んだ）。

汝、房前は、内臣となって内外にわたってはかりごとを巡らし、勅になぞらえて施行し、帝の仕事を助け、長く国家の安定を築くように……。

一介の参議にすぎなかった藤原房前を内臣に任命し、天皇の発する勅に準じる力を与えるというのだ。これは、天皇の命令が絶対であるように、藤原房前の言葉も、同等の重みを持つと言っている。露骨な長屋王潰しである。

ちなみに、内臣で思い出すのが、中臣鎌足で、彼の時代には、この役職が整備されていなかったことは、すでに触れてある。また内臣は律令の規定にない臨時職で、いわゆる「令外《りょうげ》の官」だ。

長屋王は、藤原氏の汚い手口に憤っただろうし、白黒はっきりさせないといけないと感じただろう。日本の律令の理念は、中国とは異なり、天皇に権力を渡していない。天皇の命令はあくまで太政官の合議が前提となる。ところが藤原氏は、都合が悪くなれば、天皇のツルの一声で、政策を変えられる抜け道を用意していたのだ。天皇の命令は絶対なのだから、律令の規定を無視してもかまわないという解釈だ。もちろん、藤原氏のごり押しであり、藤原氏が主導権を握り続けるための方便である。

だから長屋王は、律令を守るべきだと、主張したのだろう。天皇や皇族が実権を握り続けた皇親体制も、どこかで終わらせないと、「天皇」が藤原氏の都合の良いように利用されてしまうという焦りもあっただろう。

皇太夫人事件から三年後の神亀四年（七二七）九月、聖武天皇と光明子の間に、待望の男子（基皇子《もとい》）が誕生した。そして直後、前例のないスピードで、皇子を皇太子に立てたのだ。ところが、翌年九月、基皇子は薨去《こうきょ》。聖武天皇には他の女性との間に安積親王《あさか》がいたが、非藤原系だった。また、長屋王や一族が有力な皇位継承候補に浮上してしまったから、藤原四子は、長屋王が邪魔になった。

神亀六年（七二九）二月、最下級の役人らから「長屋王は左道《さどう》を学び国家を転覆しようと企んでいます」と密告があり（冤罪であり、藤原氏の陰謀だった）、朝廷は迅速に動いた。東国に向かう三関《さんげん》を閉めて、藤原宇合が六衛府の兵士を率いて館を囲んだ。長屋王は尋問され、一族は自死して果てた。聖武天皇は長屋王を、極悪人と糾弾した。

「左道」にはっきりとした定義はなく、「何やらよからぬ呪術を行なった」ぐらいの意味と思われる。密告した下級役人が、のちに「あれは誣告《ぶこく》（ウソ）だった」と、口を滑らしている（『続日本紀』）。

また、長屋王の変のあとすぐに、光明子は皇后の地位に就いた。藤原四子の独裁体制が確立したのである。

悲しい「あをによし」の歌

反藤原派の旗手だった長屋王はこうして滅亡したが、味方がいなかったわけではない。たとえば、大伴旅人《たびと》がいる。

ところが、神亀四年（七二七）ごろ、大伴旅人は大宰帥《だざいのそち》に任命され、現地に赴いている。今で言えば外務大臣で要職だ。とはいえ、六十四歳の高齢者がなるような仕事ではない。親長屋王派が、筑紫に追いやられた可能性が高い。

大伴旅人は大宰府で飲んだくれる。やけっぱちになっていったようだ。山上憶良《やまのうえのおくら》らが参加したいわゆる「筑紫歌壇《つくしかだん》」も、この時代の話だが、大伴旅人の歌は「酒乱のそれ」であり、目もあてられないのだ。たとえば、『万葉集』に次の歌が載る（巻三―三四三）。

なかなかに人とあらずは酒壺《さかつぼ》に成りにてしかも酒に染《し》みなむ

（中途半端な人間でいるよりも、いっそのこと酒壺になってしまいたい。酒に浸りたい……）

このような歌が続くのだ。都では、長屋王の変が起きていたころの歌だ。

小野老《おゆ》も、筑紫にいた。有名な次の歌は、平城京ではなく、筑紫で作られたものだ（『万葉集』巻三―三二八）。

あをによし寧楽《なら》の京師《みやこ》は咲く花の薫《にほ》ふがごとく今盛《いまさか》りなり

この歌は、平城京の華やかな様子を描いた秀歌と目されているが、ちょっとした秘密が隠されている。

何度も言うが、平城京では藤原四子と長屋王の死闘がくり広げられていた。おそらくこの時期に筑紫に派遣された役人は、親長屋王派で、鬱屈していたのだ。

問題は、筑紫歌壇（サロン）で披瀝されただろうこの歌は、居並ぶ親長屋王派たちを凍てつかせたはずだ。なぜなら、誰もが平城京の藤原氏の繁栄を面白く思っていなかったわけで、小野老の歌に驚き、最初意味を理解できなかったのではあるまいか。

大伴旅人は長屋王の変のあと藤原房前に命乞いをし、ようやくの思いで平城京に戻っていくが、小野老に限って、平城京に戻ったあと、大出世をしている。つまり、小野老は筑紫に派遣され、反長屋王派の動きを監視する間諜《かんちょう》（スパイ）だったのだろう。

小野老の「小野氏」から聖徳太子の側近だった小野妹子が出ていて、本来親蘇我派だったはずだ。その小野氏のひとり小野老は、何かしらの事情があって、間諜の役目を引き受けたのだろう。だから本来仲間であったはずの人びとの前で、この歌を披露することによって、「私はスパイだから、藤原氏に疑われるようなことを私の前でしゃべるな」と、教えたのではなかったか。華やかなイメージの「あをによし」の歌は、じつに悲しい物語を秘めていたのである。

いずれにせよ、長屋王の変は、古代史のエポックとなった。反藤原派はここに、敗北したのであり、いよいよ藤原四子の独裁体制は固められていったのだ。

藤原氏の子の聖武天皇が豹変した

ここでいよいよ、聖武天皇（首皇子）の話に移る。

聖武天皇の父は文武天皇で、文武天皇は天武天皇と持統天皇の孫だ。聖武天皇の母は藤原不比等の娘の宮子で、皇后に立ったのは藤原不比等の娘の光明子だった。宮子と光明子は、母親違いの姉妹だ。

聖武天皇は絵に描いたような「藤原の子」で、藤原氏も期待したし、聖武天皇自身も、心得ていたようで、藤原氏にとって「良い子」であり続けた。

ところが、ある時期を境に豹変し、別人になる。それは、藤原四子が滅亡したあとだ。

天平九年（七三七）、天然痘が猛威を振るい、藤原四子は全員病魔に倒れ、滅亡する。権力の空白が生まれ、橘諸兄《たちばなのもろえ》、吉備真備《きびのまきび》、玄昉《げんぼう》ら、反藤原派が台頭し、一気に藤原氏は没落したのだ。

天平十二年（七四〇）八月、藤原宇合の子で大宰府に左遷させられていた藤原広嗣が「天下の災禍は吉備真備と玄昉によるものだから、彼らを排斥しろ」と求めた。受け入れられないとみると、九月に反乱を起こしたのだ。

すると聖武天皇は十月、忽然と平城京から姿を消した。

「朕《われ》（私）は想うところがあって、しばらく関東へ行幸しようと思う。時期が悪いとはいえ、やむをえない。将軍（九州の広嗣征討に赴いた将軍）は、これを知っても驚いたり怪しまないでほしい」

こう言い残し、四百の兵を引き連れ、関東行幸（この時代の関東は、不破関の東）に出発したのだ。

聖武天皇は伊賀、美濃、不破（関ヶ原）、近江を巡って山背国の恭仁京《くにきょう》（京都府木津川市）に入り、しばらくとどまった。平城京に戻るのは、天平十七年（七四五）のことだから、足かけ五年、放浪していた。いったい聖武天皇は、何を考えていたのだろう。

通説の聖武天皇に対する評価は、すこぶる低い。ノイローゼになったのではないかと酷評する例もある。藤原氏が没落したあと台頭した新たな権力者に迎合したにすぎないのではないとも推理され、それはただの「転向」にすぎないと、さんざんの評判だ。

しかし、みな誤解していると思う。聖武天皇はここから、反藤原の天皇に入れ替わり、藤原氏と死闘をくり広げている。

たとえば、聖武天皇絶頂期の天平十五年（七四三）、聖武天皇は恭仁京の内裏《だいり》の宴で、皇太子阿倍内親王（聖武天皇と光明子の間の娘。のちの孝謙天皇）に、「五節田舞《ごせちのたまい》」を披露させている。そして聖武天皇から命を受けた橘諸兄が、元正太上天皇へ、次のように奏上している。

聖《ひじり》の天皇命《すめらみこと》（天武天皇）が天下をお治めになって、君臣の秩序を整えるには、礼《らい》（天地の秩序）と楽《がく》（天地の利）を二つ並べて長く平和を保つことが必要と思われ、五節田舞を創作されました。天地と共に絶えることなく継承していくものとして、今皇太子に学びいただいて、太上天皇の御前に貢ります。

五節田舞は、天武天皇が創作し、絶えることなく継承していかなければならないというのである。聖武天皇は持統天皇から始まった「親藤原派の持統（天智）系」の王だった。ところが、ここに来て、「親蘇我派の天武天皇」を強く意識しはじめている。この意味は、とても大きい。

聖武天皇は、反藤原派に化けた。しかも、このあと説明するように、聖武天皇の背中を押していたのが、藤原不比等の娘の光明子だったところに、人間模様の妙がある。

史学者たちは男性中心に歴史を考えるが、女性の視点も重視すべきだったのだ。光明子は藤原不比等の娘だが、県犬養三千代《あがたいぬかいのみちよ》の娘でもあった。ここが、大きな意味を持ってくるし、歴史の盲点だった。

誤解されてきた県犬養三千代

県犬養三千代は最初、美努王《みののおおきみ》（敏達天皇の末裔）の元に嫁ぎ、葛城王らを生んでいた。美努王は、壬申の乱でも活躍した親天武派の皇族だ。県犬養三千代は、朝廷に出仕していて、後宮《こうきゅう》に強い影響力を持っていた。藤原不比等は外戚の地位を獲得するために、県犬養三千代に目をつけ、夫の美努王が筑紫に赴任中に、県犬養三千代を寝取ったのだ。こうして生まれたのが光明子なのだ。

県犬養三千代は誤解されている。夫を裏切り、切れ者の藤原不比等の元に嫁いだという視点から、「腹黒い女」「やり手」「鉄の女」と揶揄されることが多い。しかし、どれも当たっていないと思う。

県犬養三千代は元明天皇から「橘宿禰《たちばなのすくね》」の姓を下賜され、橘三千代を名乗っていくが、美努王との間に生まれた葛城王は、臣籍降下するとき、母の姓「橘」を名乗った。これが橘諸兄で、県犬養三千代が「腹黒い打算」から父を裏切り藤原不比等を選んだのだとしたら、意地でも「橘」は名乗らなかっただろう。ここに、県犬養三千代の本心を知るための手がかりが隠されていると思う。

県犬養三千代は元明天皇（阿閇皇女《あへのひめみこ》）に寵愛されたが、その元明天皇も、藤原不比等の被害者のひとりと思われる。少し、元明天皇について説明しておきたい。

元明天皇（在位七〇七〜七一五）は持統天皇の妹で、草壁皇子の妃だ。息子の文武天皇は体が弱かったようで、慶雲四年（七〇七）六月に母を置いて崩御するが、その前年の十一月、病床についた文武は、母親に「皇位を譲りたい」と、何度も弱音を吐いていたようだ。『続日本紀』に、文武天皇の言葉が残されている。

「私の体は病にむしばまれていますので、暇を得て治したく思います。天皇位は、母上が継がれ、お治めになるべきです」

しかし「任に堪えられません」と、元明は拒んでいたのだ。そして、崩御するその日に、文武の願いを受け入れたという。

文武天皇は、持統と藤原不比等に利用された被害者であり、元明天皇も姉の持統とは異なり、権力欲のない平凡（良い意味で）な女性だった。

ただし、元明の即位には、これといった大義名分がない。藤原不比等にしてみれば、文武の子の首皇子の即位が決まるまでは、反藤原派の天皇に即位されては困る。そこで、元明女帝を無理矢理担ぎ上げたわけだ。

常識人の元明天皇は藤原不比等の手口に辟易していた？

作家の梅澤恵美子は『万葉集』巻一―七六と七七の歌が、元明天皇の即位儀礼にまつわる歌で、「もののふの大臣」に脅えている様子を描写していると推理した（『額田王の謎』ＰＨＰ文庫）。

ここにある「もののふの大臣」は、原文に「物部乃大臣」とあり、この平城京遷都直前の時代に、「物部の左大臣」は実在した。それが石上（物部）麻呂であり、元明の即位に抗議していたと、梅澤は指摘した。その通りだと思う。天武の皇子やその他の男性の有力皇族が存在したのに、文武の母親を即位させようとした藤原不比等の目論見は、ごり押しであり、王家の私物化だった。元明天皇は常識人（良い意味で）だったから、物部大臣の怒りが、理解できたのだろう。

また梅澤は、元明の夫・草壁皇子と子の文武天皇が早死にしたのは、大津皇子の祟りと元明は信じ、恐れていたのではないかと推理した（『不比等を操った女』河出書房新社）。

大津皇子を殺した持統天皇とゆかりの深い薬師寺（奈良市）には、大津皇子が龍になって祟って出たという伝承が残され、薬師寺東院堂が建立され、聖観音菩薩立像《しょうかんのんぼさつりゅうぞう》が祀られた。吉備内親王が元明太上天皇の病気平癒のために建立したと伝わっている（現存する建物は再建）。この像は大津皇子ではないかとする説が根強い。奈良時代の女帝たちは、藤原不比等に利用され、罪の意識に苛まれ、祟りに脅えていたのではあるまいか。

大津皇子の刑死がなければ、文武の即位も実現しなかった……。

元明天皇の姉の持統天皇は、藤原不比等の計画通りに行動し、権力欲を満たしたが、元明天皇は「常識人」ゆえに、辟易していたのだろう。それが分かるのが、元明天皇が娘の氷高《ひたか》内親王（元正天皇。文武の姉）に禅譲するシーンである。

『続日本紀』霊亀元年（七一五）九月二日条に、元明の次の言葉がある。

「政事《まつりごと》に心を砕くことすでに九年、若々しさはなくなり、老いて政事にも嫌気がさしてきた。静かで安らかな境地を求め、高く風雲を踏んでみたくなった。煩わしい俗世のしがらみを離れ、履き物を脱ぐように、さっさと皇位を投げ出したい」

現役の天皇が吐く言葉だろうか。なんと投げやりな心境であろう。藤原不比等に対する当てつけにも見える。県犬養三千代を寵愛し、「橘宿禰」の姓を与えた元明天皇は、決して喜んで藤原不比等の傀儡を演じていたわけではないことは、これで十分に分かるのだ。県犬養三千代も、本当は同じ気分でいたのだろう。

宮子の悲劇と光明子

県犬養三千代は、藤原不比等の「反抗する者は皇族であろうとも容赦なく抹殺する」手口を知っていたから、家族を守るために、藤原不比等に従ったのだろう。

おそらく、県犬養三千代は藤原不比等を恨み、憎み、その思いを光明子は知っていたに違いない。

そんな中、藤原四子が天然痘で全滅し、「これは長屋王の祟りにほかなるまい」と大騒ぎになったとき、県犬養三千代と光明子は、法隆寺を丁重に（必要以上に）祀りはじめたのだ。それはなぜかといえば、藤原氏の犯してきた罪を知っていて、長屋王の祟りを、法隆寺で鎮めようと考えたのだろう。

ちなみに、長屋王の妃の吉備内親王が「蘇我系の皇族」でもあったから、藤原四子は長屋王だけではなく一家も皆殺しにしたのだし、法隆寺で恨みを抱く蘇我系の人脈と共に祀ったのだろう。

県犬養三千代は、不本意とはいえ、藤原不比等の手脚となって後宮で働いた。首皇子の即位工作が求められたのだろう。蘇我系皇族はまだ健在だったし、首皇子がすんなり立太子できたわけではない。後宮周辺で、陰謀が渦巻いていた。その手助けを、県犬養三千代は強要されたのだろう。だから、罪の意識は人一倍あったに違いない。

その母の様子を、光明子は間近で見ていた。そう考えると、光明子のこのあとの行動の意味が深く理解できる。歴史は、男性だけ見ていては、分からない。特に日本の古代史を動かしていたのは女性だ。

光明子は姉の宮子を救い出すことで、聖武天皇の覚醒を促していた気配がある。

藤原不比等は首皇子（聖武天皇）が生まれたとき、母親の宮子を邸宅に幽閉してしまった。精神を患ったからだというが、宮子の母は賀茂《かも》氏の出で、非藤原系の古い豪族だから、首皇子を純粋培養したい藤原不比等にすれば、「本当の歴史を吹き込まれたら身も蓋もない」「藤原氏のやってきた悪事を漏らすかもしれない」と、恐れたのだろう。

問題は、光明子が父・藤原不比等の死後、その館を相続すると、姉の宮子を解放してしまったことなのだ。

藤原四子の全滅から四ヶ月後の天平九年（七三七）の十二月二十七日、『続日本紀』に次の記事が載っている。

この日、聖武天皇の母・宮子は、皇后宮（光明子の邸宅）で僧正《そうじょう》玄昉と会った。天皇もまた、皇后宮に赴いた。宮子は聖武が生まれてから幽憂に沈み、久しく普通の言動ができなかったので、親子（宮子と聖武）は会っていなかった。ところが、玄昉が看病してみると、宮子は慧然《けいぜん》として開悟《かいご》した。そこで、たまたま訪れていた聖武天皇と会った。

三十数年ぶりに母子は再会したのだ。

奇妙な話ではないか。玄昉にどれだけ験力《げんりき》があったのかは分からぬが、三十数年もの間精神を患っていた宮子が、一瞬で治癒することなどありえようか。そうではなく、元々宮子は正気だったのではあるまいか。藤原不比等は、首皇子を宮子から引き離し、宮子の部屋を開かずの間にしてしまった……。父の仕打ちに、宮子は恨んだだろうし、姉の悲劇を知っていた光明子は、藤原不比等を憎んでいただろう。

しかも、「たまたま聖武天皇が館にやってきた」という話もウソだろう。光明子が、聖武天皇を手引きし、母子の再会を計画したに違いない。

東大寺造立を聖武に勧めたのは光明子

これは不思議なことだが、奈良時代の女帝や女傑たちに対する史学界の評価は低いと思う。それは、彼女たちの死後、スキャンダルに近い猥雑な言い伝えがはびこったせいでもあるだろう。しかし、筆者に言わせれば、権力欲にまみれた男ども（藤原氏だが）に利用され、手を汚し、祟りに脅えた彼女たちこそ被害者であり、深く同情する。そして、彼女たちの本心に篤い愛情を感じ、むしろ感動さえ覚えるのである。

たとえば光明子は、藤原不比等の娘だが、藤原氏の歴史を憎み、母や姉に対する父の仕打ちを恨み、藤原の女を装いながら、聖武天皇を守り通したのだと思う。

『万葉集』巻八―一六五八は、藤皇后《とうこうごう》（光明子）が天皇（聖武）に奉った歌だ。

わが背子《せこ》と二人見ませば幾許《いくばく》かこの降る雪の嬉《うれ》しからまし

聖武天皇とふたりで並んで見れば、このふる雪もうれしいことでしょうに……。この権力者にしては、無防備な子供のような歌は、光明子の本心を今に伝えていると思う。

光明子は聖武崩御ののち、遺愛の品を藤原氏の魔の手から守るために、東大寺の正倉院に封印した。われわれが毎年秋、世界に誇れる至宝に触れることができるのは、光明子の愛情の賜物である（奈良国立博物館で開催される正倉院展）。

一方、光明子は東大寺建立の立役者でもある。

『続日本紀』天平勝宝元年（七四九）十二月、聖武天皇は詔を発している。

天平十二年（七四〇）に河内国大県郡《おおかたのこおり》の知識寺《ちしきじ》（大阪府柏原市）に鎮座する盧舎那仏を礼拝し、朕（私）も造り奉ろうと思ったが、できなかった。そうこうしている間に、豊前国宇佐郡の八幡大神が、「神である私は、天神地祇を率い誘い、必ず成就させてあげよう」と告げたという。

これが、大仏造立のきっかけになった。

ここで注目すべきは知識寺（智識寺）で、それまでの寺院のように、国家や大豪族が建てた寺ではない。「善知識（智識）」らが力を合わせて造った寺だ。善知識とは、人びとに仏の道を説き、広め、信仰を勧める人で、仏寺に金品を寄進する人たちだ。有志であり、ボランティア団体と考えると分かりやすいか。

『続日本紀』天平宝字四年（七六〇）六月七日条の光明子の崩伝に、次の一節がある。「東大寺と天下の国分寺を創建したきっかけは、元はと言えば太后（光明子）の勧めたことなのだ」、というのだ。

すなわち、河内の知識寺の様子に驚き、目を輝かす聖武天皇の背中を押したのが、光明子だったわけだ。ここにも、光明子の愛情を感じることができる。何しろ、知識寺の精神は、藤原氏にとって都合の悪いことだったからである。

東大寺建立は縄文的な発想への揺り戻し？

ここで気をつけなければならないのは、善知識は、大富豪とは限らないということなのだ。むしろ庶民であり、その中に優婆塞《うばそく》も含まれていた。優婆塞とは正式な許可を得ないで僧形になった人びとで、放浪する私度僧《しどそう》のことだ。要は乞食坊主である（正式に認められた僧は税を免除された）。

優婆塞は、律令制度の矛盾点が噴出して出現した。重税や労役に苦しみ喘ぎ、借金をして首が回らなくなり、夜逃げ同然にふるさとを捨ててきた人びとだ。

この優婆塞を束ねていたのが僧・行基《ぎょうき》で、百済系の渡来人の書《ふみ》（文《ふみ》）氏出身だ。天平十五年（七四三）に十五歳で出家し、道昭《どうしょう》に師事した。

道昭は法相宗《ほっそうしゅう》の学僧で、唐に渡り玄奘《げんじょう》に愛され、同房に暮らすことを許された高僧だ。法興寺（飛鳥寺）の禅院に住み、貧しい者たちや、放浪する者たちのために、井戸を掘り、橋をかけた。慈善事業に励み、行基は道昭の教えを忠実に守っていた。だから、行基の元に多くの優婆塞が集まってきたのだ。平城京の東側の山に数千人で徒党を組み、多いときは一万人に膨れあがったという。

天平二年（七三〇）には、聖武天皇が行基らの活動を「深く法に違反しているから取り締まる」と、非難している。藤原四子が、全盛期のころで、彼らにとって脅威となっていたことが分かる。

ところが天平十五年（七四三）十月、聖武天皇は大仏発願《ほつがん》の詔を発し、行基や優婆塞たちの協力を求めたのである。また行基は、天平十七年（七四五）には大僧正に任ぜられた。

乞食坊主たちのカリスマが、仏教界の頂点に君臨したのだ。

ここに、東大寺の本質と、聖武天皇が目指していたものの方向性が、よく見えてくると思う。

聖武天皇の時代は、天変地異や疫病、不作、飢餓に苛まれ、また、重税と労役は、民衆を痛めつけた。苦しみは頂点に達していたのだ。それでも藤原四子は、「藤原氏独裁のための政治」を改めることなく、結局天然痘の病魔に倒れていったのである。

聖武天皇はことあるたびに詔を発し、民の苦しみは自分に責任があると訴えた。その一方で、「民が救われるためには、民自身に立ちあがってほしい」と呼びかけ、大仏建立を提案した。「一握りの草、一握りの土でもよいから」と、協力を願ったのだ。そして、「人間だけではなく、動物も植物も、生きとし生けるものすべてが栄えますように」と、願った。

また、聖武天皇は、藤原氏が創作した中臣神道にこだわることなく、蘇我氏が推進した仏教の力を信じ、また一方で、八幡神を取り込むことで、一大ムーブメント（神仏習合）を巻き起こしていったわけだ。しかも前方後円墳と同じように、都だけではなく、地方の人びとの参加も呼びかけ、国ごとに国分寺と国分尼寺《こくぶんにじ》を造営していくのである。

ここに、縄文時代から継承されてきた、アニミズム的で多神教的な精神が、見事に開花した様子がみてとれるのである。

ただし残念ながら、聖武天皇の目指した事業は頓挫する。東大寺造立は成し遂げたが、反藤原政権を確立することはできなかった。藤原仲麻呂（恵美押勝《えみのおしかつ》）が台頭し、争い、政争に敗れていくのだ。

この過程で、聖武天皇の非藤原系の御子である安積親王が、恭仁京（京都府木津川市）で藤原仲麻呂の手で密殺されている（『続日本紀』にははっきりと書かれていないが、通説もほぼ認めている）。

このあと、藤原仲麻呂は一家で国を支配しようと暴走する。藤原氏ではなく、藤原仲麻呂の一家だけが栄える世を造ろうとしたのだ。

皇帝になっていた藤原仲麻呂

天平勝宝元年（七四九）に聖武天皇は娘に禅譲した。孝謙《こうけん》（称徳）天皇（在位七四九〜七五八、七六四〜七七〇）の誕生だ。

孝謙天皇は反藤原派の吉備真備の薫陶を受けていたが、藤原仲麻呂は、孝謙天皇の周囲から反藤原派の重臣を次々と排斥していく。最初に狙われたのが橘諸兄だ。

天平勝宝八年（七五六）に橘諸兄は謀反の嫌疑をかけられて、失脚する。聖武天皇の遺詔で立太子していた道祖王《ふなどおう》（天武天皇の孫）も、侍童《じどう》（身の回りの世話をする男子）と懇《ねんご》ろになったという理由で、廃してしまった。その後藤原仲麻呂は、大炊王《おおいおう》（こちらも天武天皇の孫）の立太子を画策した。藤原仲麻呂は、すでに亡くなっていた自身の長子の妻を大炊王にあてがい、大炊王を養子のようにして自宅に住まわせていた。その上で、反藤原派の多くを左遷してしまった。

さすがに、反藤原派の人びとは反発し、きな臭い空気が流れはじめた。そして天平宝字元年（七五七）七月二日、橘奈良麻呂の変が勃発する。密告があって、反藤原派の皇族や貴族が、挙兵し孝謙天皇の宮を囲み、不破関を塞ごうとしているというのだ。藤原仲麻呂は即座に首謀者たちの任意同行を命じたが、孝謙天皇と光明皇太后は、彼らを釈放してしまった。あわてた藤原仲麻呂は再度捕縛した。

孝謙天皇はそれでも穏便に済まそうと、死罪のところ、罪一等を減じると言い渡したが、藤原仲麻呂は首謀者たちを拷問にかけ、なぶり殺してしまった。

主犯格の橘《たちばなの》奈良麻呂《ならまろ》は、

「聖体《せいたい》（聖武）が亡くなり天下は乱れ、人心は定まらない。もし今、藤原の息のかかった王が立てば、われら一族は滅亡するだろう」

と語ったという。まさにその通りだ。

首謀者たちには蔑称が与えられた。「多夫礼《たぶれ》（常軌を逸した者）」「麻度比《まどい》（惑っている者）」「乃呂志《のろし》（愚鈍の者）」だ。そして、殺された者、流刑に遭った者は、計四百四十三名に上ったから、完ぺきな粛清と言って良い。恐怖政治が展開され、反藤原派は壊滅したのである。

藤原仲麻呂は「婿養子」の大炊王を即位させると、その淳仁天皇に「朕が父《わ》」と呼ばせ、淳仁天皇の本当の父親を「皇帝」と呼んだ。回りくどいやり方だが、藤原仲麻呂は「皇帝と同等の地位」を獲得したわけだ。

また淳仁天皇から恵美押勝の名を下賜され、貨幣を鋳造する権利も獲得した。こうして恵美押勝は私腹を肥やしたが、世間ではインフレが進行していたという。いい迷惑だ。藤原仲麻呂は、日本を独り占めする気だったようだ。「恵美家だけが栄える体制」の樹立を急いでいる。

ところが、恵美押勝は他の藤原氏からも疎まれ、次第に孤立していく。最後は恵美押勝の乱（七六四）で滅亡した。

また孝謙上皇は、次のような驚くべき発言をする。

「先帝（聖武天皇）が、私に皇位を禅譲するとき、王を奴《やつこ》となしても、奴を王と呼ぼうとも、私の好きにすればいいとおっしゃった」

こうして、淳仁天皇を廃してしまったのだ。

ただし、これで一段落というわけにはいかなかった。重祚《ちようそ》（一度即位した天皇がいったん譲位し、のちにふたたび即位することをいう）した称徳女帝（孝謙天皇）は、僧・道鏡《どうきよう》を寵愛し、王位に就けようとした。さすがにこれは、多くの反発を買ったようで、宇佐八幡宮神託事件（七六九）によって、話は流れた。

称徳天皇の崩御ののち、天武の王家は天智の王家に入れ替わった。こうして、光仁《こうにん》天皇と子の桓武天皇が登場する。そして、ついにヤマトの地は捨てられ、長岡京（京都府向日市、長岡京市、京都市にまたがる）と平安京に都は移っていく。

終章

平安時代　院政の真相

暴走する藤原氏と天皇

平安時代、藤原氏の一党独裁体制が長く続き、摂関政治も確立した。他の貴族（旧豪族）には、これを覆すだけの余力もなかった。

藤原道長（九六六～一〇二八）は「この世をば我が世とぞ思ふ望月《もちづき》の　欠けたることもなしと思へば」と、傲慢な歌を残した。道長の世は欠けることのない満月だと言っている。絶頂期の藤原氏の高笑いが聞こえてくるようだ。

ところが、人の世の常で、のぼりつめると、あとは下っていく。ややあって、院政が始まり、王家が独裁権力を握るようになっていく。

なぜこのような不思議な事態が出来したのだろう。天皇が譲位しただけで、なぜ強大な権力が転がり込んだのだろう。しかも絶対王者の院（太上《だいじょう》天皇）が、なぜ武士に敗れていったのだろう。この章で、院政の謎に迫ってみたい。

さて、「天皇は権力者か」という謎も、「天皇は常に権力者だったのか」、あるいは、「天皇も権力を握ることがあったのか」と、変化をつけて問いかけてみる必要がある。「ヤマトの大王や天皇」は、それぞれの時代の為政者たちの思惑によって、常に形を変えてきたからである。カメレオンのように、めまぐるしく、権力者の色に染まっていったと思う。社会情勢に合わせられるカメレオンだから、天皇は生き残った可能性が高い。だからこそ、天皇には謎が多い。

ただし、基本的に、列島人は独裁王を嫌う傾向にあった。古代の大王は祭司王であり、時に調整役を買って出ただろうが、強権を発動する存在ではなかった。

古代だけではない。戦国時代に至っても、織田信長タイプの武将は、大きな仕事を成し遂げたあと、潰されていった。日本人は強い権力者を嫌うのだ。

ヤマトの大王や天皇は、原則として権力を渡されなかったからこそ、存続を許されたし、人びとは長く続くことを願った。また実力者たちは、王位を簒奪《さんだつ》する必要を感じなかったわけだ。

とはいえ、七世紀から八世紀に、天皇家は何度も危機的状況に陥った。律令整備の過程で、独裁権力を握った王家は、律令完成後に実権を太政官に戻す手はずだったのに、藤原氏の「天皇のツルの一声を温存しておきたい」という身勝手な判断から、中途半端な位置に立ってしまったのだ。

このような事態を予見し、恐れていたのが長屋王であり、長屋王の変（「長屋王一家殲滅事件、冤罪事件」と言った方が正確だが）は、古代史の大きな節目になってしまった。律令の規定を無視し、天皇の一言で、何でも藤原氏の意のままになる不条理が、ここから展開されていくのである。

ところが、藤原氏の野望には、落とし穴があった。それが、藤原四子の滅亡と、聖武天皇の「裏切り」だ。

藤原氏の子として育てられた聖武天皇が、あろうことか反藤原派に守られ、自身も反藤原派に転向し、「天皇の命令は絶対」という藤原氏が作りあげた不文律を、聖武天皇が逆利用するようになったのだ。リモコンを奪われた鉄人二八号状態である（たとえが古すぎるか）。

この結果、王家と取り巻きたちは、収拾のつかない混乱の中に突き落とされていく。聖武天皇を追い詰めた藤原仲麻呂が暴走をはじめたからだ。

このあと藤原仲麻呂は「王が権力を握れるなら、いっそのこと王権を簒奪し、皇帝になってしまおう」と目論んだ気配がある。もっとも藤原仲麻呂の企みは失敗するが、これに反動が起きる。

藤原仲麻呂（恵美押勝）を倒して即位した称徳天皇は、「王を奴に」と、藤原氏が築き上げたヒエラルキーを破壊したいという衝動に駆られ、また、藤原が皇帝になろうとするなら、僧・道鏡を王に立ててもバチはあたるまいとばかりに、こちらも暴走した。

さらに称徳天皇は、律令によって守られてきた「権威」そのものも、破壊しようとした気配がある。身分の低い者に、高い位の姓を濫発《らんぱつ》し、身分制度にあぐらをかいていた貴族たち（具体的には藤原氏）を、あわてさせたのである。

この時代の混乱は、皇親政治が軟着陸に失敗した結果起きたことで、長屋王を藤原氏が潰してしまったとき、争いの火種が残されてしまったわけだ。ここで、天皇自身が暴走したために、危うく王権簒奪が起きるところだった。

称徳天皇崩御ののち、王統は天智系（光仁天皇）に入れ替わり、藤原氏が支えることで、ようやく混乱に終止符が打たれた。そして、光仁の子の桓武天皇が、長岡京、平安京遷都を敢行し、長い平安時代が到来したのだ。

菅原道真を大抜擢した宇多《うだ》天皇

天皇の歴史を俯瞰してみて、よく分からないのが、平安時代末期の院政だ。天皇が譲位して太上天皇（上皇・院）になっただけで、なぜ独裁権力が握れたのか。藤原氏の摂関政治が機能していたはずなのに、なぜ藤原氏は制御できなかったのか、謎だらけだ。

ちなみに、「摂関」は「摂政」と「関白」で、「摂政」は天皇が幼少の時に政治を代行し、「関白」は天皇が成人すると補佐した（実権を握り続けた）。平安時代末期、藤原頼長《よりなが》は『台記《たいき》』の中で、「摂政とは要するに天子のことだ」と述べている。藤原氏らしい傲慢な解釈だ。

くり返すが、なぜ「天子のような摂政の地位に立っていた藤原氏」がいながら、実権を院に奪われたのだろう。

さらに、天皇は権力者なのかそうではないのか、院政という例があるから、分かりにくくなっているのだと思う。

結論から先に言ってしまうと、院政は天皇家の歴史の中でも、特殊なのだ。皇親政治とはまったく異なる独裁体制だった。そのカラクリを解剖してみよう。

平安時代に多くの皇族が臣籍降下して「源」や「平」の姓を名乗った。皇族が増えすぎて、養う財力が朝廷にはなかったことがひとつの原因だが、そしてもうひとつの大きな理由は、藤原氏の都合だろう。皇族の妃が増えることを防ぎたかったのだ。藤原氏が外戚の地位に居座るためには、皇族の妃が邪魔だったから、臣籍降下を促したのである。

こうして藤原氏は外戚の地位を固め、歴代天皇は藤原氏の思惑通りに動いたが、ごく稀に皇族や他の貴族の娘との間に生まれた天皇が即位すると、この「非藤原系の天皇」が、トラブルを起こした。藤原氏の思い通りに動いてくれないばかりか、藤原氏の「虎の尾を踏む」ようなことをしでかした。

たとえば菅原道真を重用した宇多天皇がそうだ。

宇多天皇の母は藤原氏ではない。皇族の班子《はんし》女王だ。宇多天皇は即位前、一度臣籍降下して源《みなもとの》定省《さだみ》を名乗っていたが、ヒョウタンから駒の形で、皇位が転がり込んできた。だから、ある上皇には、「当代は家人《けにん》にはあらずや(自分の家来だったのに)」と、イヤミを言われることもあった。

宇多天皇は即位後の仁和三年(八八七)に、トラブルに巻き込まれる。宇多天皇は、関白・藤原基経《もとつね》に対し、政務を一任する趣旨の詔書を発したが、役職名を「阿衡《あこう》」の二文字で表現したため、藤原基経の機嫌を損ねてしまったのだ。「阿衡」とは、中国の殷《いん》の時代の人・伊尹《いいん》が任じられた役職で、具体的な職掌ではなかったから、すでに「関白」の地位を得ていた藤原基経には、それが不満だったようだ。

そこで藤原基経は政務を放棄し、学者を巻き込んで、「阿衡」のなんたるかを議論したのだ。半年間の紛糾ののち、ついに宇多天皇が藤原基経に謝った。

宇多天皇の恨みは深かったようで、藤原基経が死ぬと、反藤原的な行動に出た。まず宇多天皇は、親政をはじめ、菅原道真を抜擢し、菅原道真に娘の衍子《えんし》を嫁がせた。これは特別待遇だ。また、菅原道真は娘を醍醐天皇の弟に嫁がせている。

宇多天皇は四人の源氏を太政官に引き入れてもいる。さらに宇多天皇の皇太子に北家嫡流（藤原基経・時平《ときひら》親子）との外戚関係がなかった。その皇太子が践祚《せんそ》の日に、妹（内親王）を妃にしている。どれもこれも、藤原氏を対抗心を燃やした布陣であろう。

坂上康俊は宇多天皇の施策について「国政面ばかりでなく、宮中の秩序についても、新しい方策を次々と打ち出して天皇の地位を再浮上させようと図っている」「藤原良房《よしふさ》・基経《もとつね》父子によって事実上骨抜きにされつつあった天皇の政治的な面での主導性を取り戻そうとする方向での施策が目立つ」（『律令国家の転換と「日本」』講談社）と指摘している。まさにその通りだ。

ただ、菅原道真にはライバルがいた。それが藤原基経の子・藤原時平《ときひら》で、ほぼ同時に出世街道を駆け上っていく。

菅原道真は宇多天皇の期待に応えて、活躍していくが、史学界の評価は、それほど高くなかった。というのも、菅原道真はこののち失脚するが、彼の功績を藤原時平が横取りしてしまったようなのだ。

平田耿二《こうじ》は『消された政治家菅原道真』（文春新書）の中で、これまで「延喜《えんぎ》の治《ち》」は藤原時平の手腕と評価されてきたが、これは誤りで、実際には菅原道真が推し進め、あと一歩で形を整えるまで進んでいた改革事業を、引き継いだ（横取りした）にすぎないと指摘している。

ここで強調しておきたいのは、宇多天皇のように、藤原氏（あるいは摂関家）が外戚の地位を失った途端、平安時代の天皇は、親政をはじめようと模索していたことである。

院政のカラクリ

藤原氏の全盛期は、藤原道長の時代で、日本中の広大な土地を手に入れ（荘園《しょうえん》）、国家財政も藤原氏の私財でまかなうようになっていた。

そして藤原道長は、自身の嫡流だけが、摂関家を継承できるという掟を作ってしまった。じつはこれが、摂関家の首を絞めていくことになる。

「おごれる者久しからず」とは良く言ったもので、摂関家は子供の数が限られ、先細りし、摂関家出身の女性も減り、外戚の地位も危うくなっていったのだ。

この、摂関家の衰退を待っていたかのように、天皇が暴走する。ここに、院政が始まっていくのだ。非藤原系の天皇（あるいは非摂関家系）は譲位し、太上天皇（上皇・院）となって、実権を握った。治暦《じりゃく》四年（一〇六八）後三条《ごさんじょう》天皇の即位がひとつの節点となった。『愚管抄《ぐかんしょう》』は後三条天皇の治政を「世の末の大きな変わり目」と言っている。後三条天皇の母は、皇族だった。宇多天皇以来、百七十年ぶりに藤原氏は外戚の地位を失ったのである。

後三条天皇は、「関白や摂政が外戚でないのだから、彼らを恐れ重圧を感じることもない」と言い、大江匡房《おおえのまさふさ》ら、非藤原系の官人を重用し、荘園を整理していく。

後三条天皇は二十年間皇太子の状態だったが、即位後四年八ヶ月で子に譲位し、白河《しらかわ》天皇が即位した。白河天皇の母は、「摂関家とは別の藤原氏」で、白河天皇も譲位して、院政を敷く。驕った摂関家に、他の藤原氏もヘソを曲げていたから、白河天皇は、その「藤原氏の内部の嫉妬や葛藤」を、逆に利用した形になる。

白河法皇《ほうおう》が絶大な権力を握ると、藤原摂関家でさえも、上皇や法皇の暴走をおさえることはできなかったのだ。

それにしても、なぜ譲位をしただけで、絶大な権力を手に入れられたのだろう。ひとつの理由は、すでに触れたように、長屋王の変で、藤原氏が天皇権力を温存してしまったことだ。

第二に、天皇の譲位は、「人事権を行使する」ことに直結したからだ。最大の権力行使は、「人事」である。王位を譲ったのだから、太上天皇は天皇を王位から引きずり下ろすことも可能だった。また、次の王位を誰に譲ろうかと物色（表現が悪いが）すると、皇位継承候補者とその母や祖父母も、みな太上天皇に頭を垂れる。これで、太上天皇は、実権を握ることが可能となった。

そしてもうひとつ、太上天皇が権力を行使できた背景に、「院領《いんりょう》荘園」の力があった。

律令制は、すべての土地と民は天皇のものとするが、だからといって天皇が私有していたわけではない。また、天皇に寄進された荘園は、天皇自身ではなく、内親王や天皇の建立した寺院、譲位後の財産の形をとった。これらをわが物にするには、禅譲して院（太上天皇）になる必要があった。

　つまり、院は禅譲したとき、莫大な資金を獲得していたのだ。これが、強力な政治力を発揮した。

文明に非文明（野蛮人）が復讐する国

　院政は、平安時代末期の珍現象であり、くどいようだが、長屋王のもっとも恐れていた事態が出来したのだと思う。伝統的な祭司王＝天皇の統治システムを崩してしまえば、日本は日本でなくなるのだと思う。近代日本も、まさにこれだ。

　天皇は神を祀り、神＝鬼＝大自然の猛威から民を守る存在であった。天皇に捧げ物をするのは、天皇を介して神や鬼にプレゼントを捧げていることであり（律令ではこれが「税」になった）、だからこそ、国家の安寧が保たれた。しかし、天皇が実権を握ると、神や鬼でもある天皇が、「何をやらかすか分からない存在」となり「誰にも止められない災難」を、人びとにもたらす。天皇が権力を握ることは、日本人にとって、悪夢なのである。

　天皇に権力を与えれば、この国は滅びる……。しかもその反作用から、ふたたび、藤原仲麻呂（恵美押勝）のような化け物が出現するとも限らないのである。

幸い、藤原摂関家とその他の不満を抱く藤原氏の間に主導権争いが勃発し、院はそれを巧みに利用して、院政はしばらく続いた。また、院や貴族は政争の解決手段に武力を用いるようになって、それまで蔑視されてきた武士（平氏と源氏は天皇家の末裔であるにもかかわらず）が、重宝されるようになった。

そして、武士たちも、平安貴族の堕落した醜い争いを目の当たりにし、あきれかえっただろう。さらに彼らは「腕力で政治を変えられる」ことに気づいたのだ。院や摂関家、その他の藤原氏たちは、利用していたはずの武士に、主導権を奪われるという事態に陥ったのである。

ここで無視できないのは、最後の最後に平安京の天皇と貴族（具体的には藤原氏）の政争と腐敗に終止符を打ったのが、東国の武士団であり、それをまとめ上げた源氏だったことだ。これは、文明に対する非文明（野蛮人）の復讐ではないか。

つまり、「文明＝一神教的発想」と「非文明＝多神教的発想」の相剋でもある。ここに、「日本史の法則」が垣間見えるのである。

八世紀以降、都で不穏な空気が流れると、藤原政権は三関を閉めた。三関から東は、藤原政権にとって仮想敵で、住民は蔑視すべき野蛮人だった。

これは不思議なことだが、ヤマトの歴史は常に、この「東の野蛮人」の揺り戻し運動によって、大きな転換期を作りあげてきたのである。

三世紀から四世紀のヤマト建国も、「はじめ東が動いて奈良盆地になだれ込んだ」ことがきっかけだった。また、この運動は、弥生時代後期の西日本で広まった「力の統治」に対する東側のアンチテーゼで、「力の論理＝文明」に対する「野蛮な人びと（非文明）の答え」であり、非文明への揺り戻しでもあった。

ここで、脆弱な、神を祀るだけの王が誕生し、ゆるやかなネットワークでつながるヤマト政権が誕生した。文明は、ここで一度、足踏みをしたのである。

ちなみに、神話の中でスサノヲが、「朝鮮半島に金属の宝があっても、日本には浮く宝（材木・森林）がなければいけない」と発言していたのも、反文明の日本的な思想の発露だと思う。さらに「いまさらながらの余談」になるが、スサノヲはタニハの王であり、タニハの西のはずれの但馬の円山川《まるやま》が、縄文人が好んで食したサケの溯上の最西端に位置する。タニハは、縄文的な発想を抱き続けていたのではなかろうか（余計なことを付け加えた）。

また、五世紀後半に中央集権国家の建設（強権的な文明化）を夢みた雄略天皇が登場すると、ヤマト政権は混乱し、六世紀初頭、三関の東の越《こし》と東海勢力に推された継体天皇が登場し、「西の瀬戸内海政権」との間に、葛藤と融合を試みる動きが出現した。この「世直し」も、「東側からの非文明的働きかけ」ではなかったか。

さらに、七世紀の壬申《じんしん》の乱（六七二）で、大海人皇子は勝てるはずのない戦いを、東側の勢力を活用することで制した。その後、中央集権国家でありながら、天皇に権力を渡さないという、新たな律令制度の完成を目指したのだ。ところが、天武天皇崩御ののち、藤原不比等が陰謀と暗殺を駆使して、実権を握っていく。藤原氏の祖の中臣鎌足は百済王子・豊璋であり、大陸や朝鮮半島で発展した「野蛮人を圧倒する智恵＝文明」を日本に持ち込み、しかも、日本独自の伝統的でゆるやかな統治システムを悪用することで、性善説のお人好しな人びとを圧倒したのだった。

そして十二世紀に至り、三関の東で成長し、東国の武士団の総意を汲んだ源頼朝が平家を滅ぼし、朝廷と対等に渡り合い、徐々に東国の武士が、主導権を握っていったのだ。

十七世紀に戦国時代を終わらせた徳川家康も、三関のひとつ、不破関（岐阜県不破郡関ケ原町。いわゆる関ヶ原）の合戦を制して、主導権を握った。徳川家康は東軍であり、旗に「厭離穢土欣求浄土《おんりえどごんぐじょうど》」と書き、戦乱の世を終わらせたいと願い、その通り三百年の平和な時代を築くことに成功したのだ。江戸時代とは、東の非文明の勝利でもあった。

また、武士の棟梁として担ぎ上げられた源氏や徳川家だったが、彼らにも独裁権力は与えられなかった。その実態は「権威」であり「旗印」であった。

源氏は北条氏に実権を奪われていき、徳川家が地方分権を維持したように、天皇家も武士の頭の源氏も徳川家も、多神教的で島国的な民族の統領にふさわしい資質を備えていなければならず、民も、そういう長を求めていたのだと思う。

日本の歴史の中で、国造りや世直し、そして揺り戻しのことごとくが、三関の東から湧きあがった縄文的な発想を抱いた人たちの手で行なわれたのではないかと思えてならない。ここに、日本史の面白さが隠されていると思う。

明治維新を「文明開化」と、手放しで礼讃した時代が長く続いたが、問題にしたいのは、「近代」と「文明」はこの時も西からやってきて、東は抗ったという図式が再現されていたことだ。縄文時代から続くひとつの歴史の「型」「伝統」は、生きているのだと思う。

三つ子の魂は、しぶといのである。

参考文献

『古事記祝詞』日本古典文学大系（岩波書店）
『日本書紀』日本古典文学大系（岩波書店）
『風土記』日本古典文学大系（岩波書店）
『萬葉集』日本古典文学大系（岩波書店）
『続日本紀』新日本古典文学大系（岩波書店）
『魏志倭人伝・後漢書倭伝・宋書倭国伝・隋書倭国伝』石原道博編訳（岩波文庫）
『旧唐書倭国日本伝・宋史日本伝・元史日本伝』石原道博編訳（岩波文庫）
『三国史記倭人伝』佐伯有清編訳（岩波文庫）
『先代舊事本紀』大野七三編著（新人物往来社）
『日本の神々』谷川健一編（白水社）
『神道大系　神社編』（神道大系編纂会）
『古語拾遺』斎部広成撰、西宮一民校注（岩波文庫）
『藤氏家伝　注釈と研究』沖森卓也、佐藤信、矢嶋泉（吉川弘文館）
『日本書紀　1　2　3』新編日本古典文学全集（小学館）
『古事記』新編日本古典文学全集（小学館）
『弥生人はどこから来たのか』藤尾慎一郎（吉川弘文館）
『人類の起源』篠田謙一（中公新書）

参考文献

『ゲノムでたどる古代の日本列島』斎藤成也監修・著、山田康弘・太田博樹・内藤健・神澤秀明・菅裕著（東京書籍）
『新日本人の起源』崎谷満（勉誠出版）
『日本人の源流』斎藤成也（河出書房新社）
『日本の歴史一　旧石器・縄文・弥生・古墳時代　列島創世記』松木武彦（小学館）
『進化論の現在　農業は人類の原罪である』コリン・タッジ、竹内久美子訳（新潮社）
『森と緑の中国史』上田信（岩波書店）
『日本語人の脳』角田忠信（言叢社）
『出羽三山と日本人の精神文化』ウーズラ・J・リットン、松田義幸編（ぺりかん社）
『持統天皇』吉野裕子（人文書院）
『大嘗祭』吉野裕子（弘文堂）
『古代「おおやまと」を探る』伊達宗泰編（学生社）
『縄文社会と弥生社会』設楽博己（敬文舎）
『文明に抗した弥生の人びと』寺前直人（吉川弘文館）
『世界の名著12　聖書』責任編集／前田護郎（中央公論社）
『旧約聖書Ⅶ　イザヤ書』旧約聖書翻訳委員会訳（岩波書店）
『アーロン収容所』会田雄次（中公新書）
『ものぐさ精神分析』岸田秀（中公文庫）
『現代日本思想大系32　反近代の思想』編集・解説／福田恆存（筑摩書房）
『茶の本』岡倉覚三（岩波文庫）

『修験道入門』五来重（ちくま学芸文庫）
『「前方後方墳」出現社会の研究』植田文雄（学生社）
『神々の流竄』梅原猛（集英社文庫）
『東アジアと日本の考古学Ⅲ』後藤直、茂木雅博編（同成社）
『桑原隲蔵全集　第二巻　東洋文明史論叢』桑原隲蔵（岩波書店）
『不比等を操った女』梅澤恵美子（河出書房新社）
『律令国家の転換と「日本」』坂上康俊（講談社）
『消された政治家菅原道真』平田耿二（文春新書）
『額田王の謎』梅澤恵美子（ＰＨＰ文庫）
『二十世紀を精神分析する』岸田秀（文藝春秋）

〔著者略歴〕

関 裕二(せき・ゆうじ)

1959（昭和34）年、千葉県柏市生まれ。歴史作家、武蔵野学院大学日本総合研究所スペシャルアカデミックフェロー。仏教美術に魅了されて奈良に通いつめ、独学で古代史を学ぶ。『藤原氏の正体』『アマテラスの正体』（以上、新潮社）、『豊璋　藤原鎌足の正体』（河出書房新社）、『消された王権　尾張氏の正体』（ＰＨＰ研究所）など著書多数。

新説「日本古代」通史

2025年 2 月 14 日　第 1 版発行

著　者　関 裕二

発行人　唐津 隆

発行所　株式会社ビジネス社

〒162-0805　東京都新宿区矢来町114番地　神楽坂高橋ビル５階
電 話　03(5227)1602（代表）
FAX　03(5227)1603
https://www.business-sha.co.jp

印刷・製本　株式会社光邦
カバーデザイン　齋藤 稔（株式会社ジーラム）
本文組版　有限会社メディアネット
営業担当　山口健志
編集担当　中澤直樹

ISBN978-4-8284-2699-0

ISBN978-4-8284-2671-6

ビジネス社の本

定価　1980円(税込)
ISBN978-4-8284-2660-0

捏造だらけの自虐史観

司馬遼太郎、中沢啓治のペテンを暴く

福井雄三……著

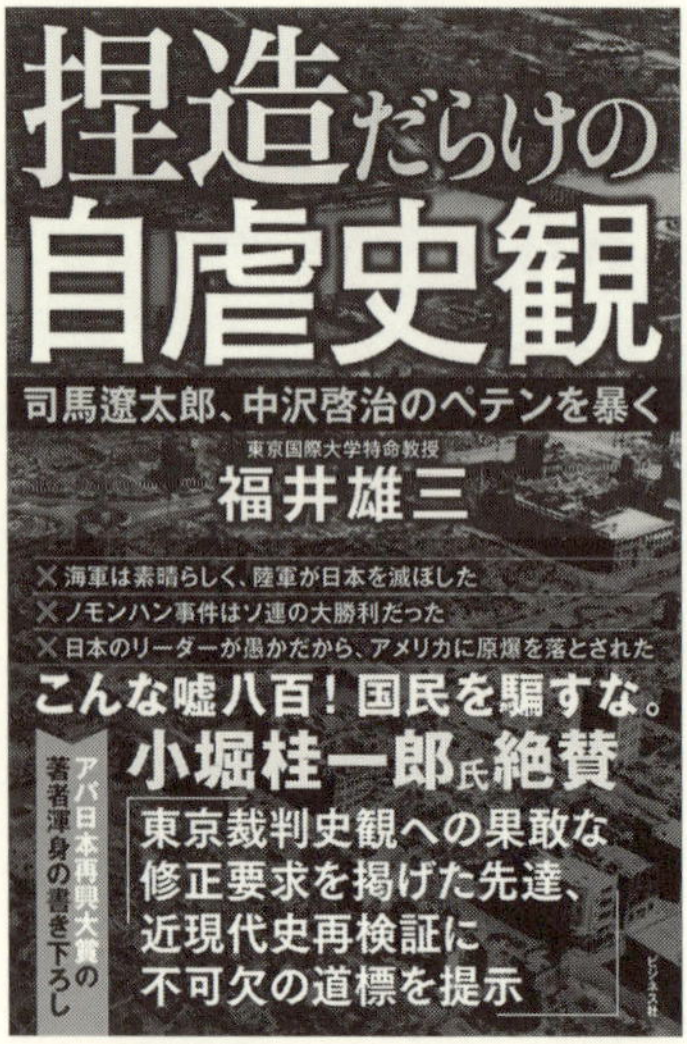

×海軍は素晴らしく、陸軍が日本を滅ぼした
×ノモンハン事件はソ連の大勝利だった
×日本のリーダーが愚かだから、アメリカに原爆を落とされた

こんな嘘八百！　国民を騙すな

本書の内容

第一章・アメリカはなぜあの戦争を日本に仕掛けたのか
第二章・『はだしのゲン』にまどわされた戦後教育
第三章・『親日派のための弁明』『反日種族主義』と韓国の目覚め
第四章・昭和という時代
第五章・辻政信の真実
第六章・勝海舟と西郷隆盛をどう評価するか